古籍
劳动课

刘芳　李宁　主编

气象出版社
China Meteorological Press

内 容 简 介

中国农业科学院附属小学将小学劳动课程，与清康熙三十五年（1696 年）内府刊刻的《御制耕织图》进行有机结合，创设了特色课程——古籍劳动课，本书即为该课程的校本读本。以耕织为主的农业生产是我国传统农业社会最重要的经济活动，因而形成了源远流长的耕织文化。古人为劝课农桑、宣扬农事，采用诗画合一的形式记录下耕织生产的工序，进行农业传播、劝农勤农和农业知识普及。《御制耕织图》中耕目、织目各 23 幅图，共计 46 幅图。本书从耕目、织目中各选取 8 幅图设课，每个课程分为"知"和"行"两个部分，引导学生认知每幅图中包含的"画""诗""字""书""刻"知识，并通过实际操作、实地走访考察等方式进一步加深理解和感受、提高劳动技能、增强解决生活中实际问题的能力等。本书内容新颖，资料丰富、生动，可作为《御制耕织图》、二十四节气、农耕文化等传统科学、文化的"另类"科普读物使用。

图书在版编目（Ｃ Ｉ Ｐ）数据

古籍劳动课 / 刘芳，李宁主编. -- 北京 ：气象出版社，2023.12
　　ISBN 978-7-5029-8109-9

Ⅰ．①古… Ⅱ．①刘… ②李… Ⅲ．①劳动课－小学－教材 Ⅳ．①G624.61

中国国家版本馆CIP数据核字(2023)第231868号

古籍劳动课

Guji Laodong Ke

出版发行：气象出版社

地　　址：北京市海淀区中关村南大街 46 号		邮　编：100081		

电　　话：010-68407112（总编室）　010-68408042（发行部）

网　　址：http://www.qxcbs.com　　　　**E-mail**：qxcbs@cma.gov.cn

责任编辑：殷 淼 邵 华　　　　　　　　　终　审：张　斌

责任校对：张硕杰　　　　　　　　　　　　责任技编：赵相宁

封面设计：楠竹文化

印　　刷：北京地大彩印有限公司

开　　本：787 毫米 ×1092 毫米　1/16　　印　张：18.75

字　　数：445 千字

版　　次：2023 年 12 月第 1 版　　　　　印　次：2023 年 12 月第 1 次印刷

定　　价：98.00 元

《古籍劳动课》编委会

主　　编：刘　芳　李　宁

副 主 编：谭　丞

编委成员：黄　卫　王　雷　李艳征　李　波　蒋俊杰

　　　　　孙　颖　张博昊　张铎潇　段月芬　唐录青

　　　　　史晓枕　迟　妮　张玉洁　王晓伟　张　关

　　　　　静　然

序言一

中国农业科学院附属小学（以下简称农科附小）是一所拥有 70 多年文化底蕴的学校，也是中国农业科学院京区大部分职工子女就读的学校，为解决广大农业科研工作者的后顾之忧和祖国的教育事业做出了突出的贡献。近期，在刘芳校长的主持下，农科附小聚焦农业领域创作了《古籍劳动课》校本读本，进一步体现了农科附小的办学特色，是一件非常有意义的事情。

中华优秀传统文化是中华民族的精神命脉。习近平总书记指出，优秀传统文化是一个国家、一个民族传承和发展的根本，如果丢掉了，就割断了精神命脉。我们要善于把弘扬优秀传统文化和发展现代文化有机统一起来、紧密结合起来，在继承中发展，在发展中继承。习近平总书记十分重视中华文明历经沧桑流传下来的宝贵典籍版本，在考察中国国家版本馆时要求："把自古以来能收集到的典籍资料收集全、保护好，把世界上唯一没有中断的文明继续传承下去。盛世修文，我们这个时代，国家繁荣、社会平安稳定，有传承民族文化的意愿和能力，要把这件大事办好。"

我国是历史悠久的农业大国，中华民族主体是农耕民族。炎黄子孙种五谷、养六畜，农桑并举，耕织结合，创造了辉煌灿烂的农耕文明。我们的祖先将农耕经验知识记载下来，留下了许多弥足珍贵的农业古籍。据《中国农学书录》记载，我国古代农书共有 500 多种，流传至今的有 300 多种，其中《齐民要术》《农桑辑要》《王祯农书》《农政全书》和《授时通考》内容最丰富，影响最深远，被称为"五大农书"。这些农业古籍兼具史学和科学价值，是中华农耕文明的主要载体，是我国文化遗产的重要组成。

耕织图是一种配有诗文说明的图谱，主题为农业生产，集中在耕作和织布两个环节。从宋朝到清朝，出现过数十套系统化的耕织图，不仅向农民宣传了当时的先进农业生产技术，也为促进重农固本、农村繁荣发挥了重要作用。清朝康熙年间，康熙皇帝亲自主导创作了《御制耕织图》，它不但是传世艺术珍品，也是青少年了解农事的范本，还是对青少年进行传统道德教育的教科书。农科附小创作的这本《古籍劳动课》，将小学劳动课程与《御制耕织图》有机结合，内容包括诗书画刻，理念强调知行合一，既有知识教育，又有动手训练；既传承农耕文化精髓，又传播现代农业科技知识，是实现传统文化的创造性转化、创新性发展的有益尝试，更是贯彻落实习近平文化思想的生动实践。

科技创新是推动我国从农业大国向农业强国转变的根本动力，全面加强科学技术普及与教育是营造良好环境、促进科学进步的重要手段。近年来，中国农业科学院坚持履行国家战略科技力量的社会责任，依托优质农业科普资源，积极发挥农业科研国家队专业优势和高水平农业科技人才的智力优势，持续开展"农科开放日"等高质量农业科普活动，传播科学知识，示范科学方法，倡导科学思想，弘扬科学精神，厚植科学土壤，努力推动国民科学素质不断提升。在本书的课程创设和编写过程中，中国农业科学院图书馆以及各相关研究所的专家积极参与其中，在古籍文献和农业知识等方面提供了很多帮助，也为本书的顺利出版贡献了一份力量。

新中国成立以来，我国由一穷二白到全面小康，已踏上以中国式现代化全面推进强国建设、民族复兴的新征程，这是中国共产党团结带领全国各族人民艰苦奋斗取得的巨大成就。党的二十大报告指出，全面建设社会主义现代化国家，最艰巨最繁重的任务仍然在农村，强调要加快建设农业强国，到 2035 年基本实现农业现代化，到本世纪中叶建设成为综合国力和国际影响力领先的社会主义现代化强国。前途光明、任重道远，需要一代又一代人的接续努力、团结奋斗。相信本书的出版，可以在孩子们的心中播撒传统农业文明与现代农业科学的种子，让更多的孩子从小知农爱农，长大兴农强农，为强国梦、复兴梦作出新的更大的贡献。

中国农业科学院院长

中国工程院院士

序言二

"后稷曰，'所以务耕织者，以为本教也。'是故天子亲率诸侯耕帝藉田，大夫士皆有功业。是故当时之务，农不见于国，以教民尊地产也，后妃率九嫔蚕於郊，桑於公田，是以春秋冬夏皆有麻枲丝茧之功，以力妇教也。是故丈夫不织而衣，妇人不耕而食，男女贸功以长生，此圣人之制也。"

——《吕氏春秋·上农》

上面这段话，选自我国战国时期的一本集大成的杂家典籍《吕氏春秋》。这段话的主要意思是：周人的祖先后稷说过，"之所以要从事耕种和纺织，就是要用它们来从根本上教化百姓。"因此，天子会亲自率领诸侯在王室祭祀用的田地里耕种，而大夫、士这些贵族们也要参与其中做具体的农务。当时令进入农忙时节时，农夫便不被允许进入都城了，这是告诉人民，必须重视田里的农活。而王后会率领后宫嫔妃们在郊外养蚕，在公有的桑田里采摘桑叶，春夏秋冬四季，桑蚕丝织纺麻劳作不休，这是对妇女们的教化。所以，男子耕田而有衣可穿，女子纺织而有粮食可吃，因为双方的劳动成果可以互通有无，这样，大家都能好好地生存下去，繁衍生息。这就是圣人所制定的社会规则。

这段话讲出了人类从事农业的本质，那就是维持生存。生存是发展的基础，物质是精神的基础，如果没有种植业，人类便会陷入食物匮乏，如果没有纺织业，人类则很难熬过严冬的酷寒。

但是，正如文中所说的，务农的意义也不仅仅是为了生存，它同时还有教育的功能。从事农业生产，是直接与大自然、与土地、与地球上的其他生命的对话，是亲身去体验宇宙最根本的规律和万物生生不息的根源力量。只有了解农业，才能真正地明白，种下一颗种子所结出的果实是多么地值得珍惜，因为这个果实绝不是轻而易举得到的，它到来的旅程凝结了太多太多，有漫长的时间，有辛勤的汗水，有阳光雨露的照拂，还有那么一些不受人主观意志所左右的偶然和幸运的概率。

或许孩子们现在对农业还没有什么明确的认识，或许他们在更年幼的时候，曾经天真地以为，粮食和衣服都来自超市、商场的货架，会觉得"吃饱穿暖"是一件理所当然得不能再理所当然的事。当然，随着科技的发展，人类确实越来越容易吃饱穿暖了，因为农业有了高科技的加持和赋能，生产力水平不断提高，土地能给与我们的恩赐也越来越丰盛了。但，我们不能忘本。这个本，就是在开头这段话里所提到的——务耕织者。

我们的祖先，从驯化第一株野黍、驯化第一条野蚕开始，便与耕耘和蚕桑结下不解之缘。几千年来，"耕织"二字养育了世代华夏子孙，也被历代王朝奉为立国之本。从南宋时期开始绘制的《耕织图》，沿传到清代，被不断编绘刻印发布，其内容深入   民间，将农业于一国命脉的至关重要地位宣喻万民。

耕织图实际上是一种以图阐文的劝农文，把农业生产中的关键环节用图像的形式，并配以诗文歌谣，生动地描述出来。早在五代时就已出现耕织图，后周世宗留心稼穑，命画工刻木为耕夫、织妇、蚕女之状，置于禁中，召近臣观之。南宋初年，於潜县令楼璹，从蚕乡乐平出发，沿天目溪逆流而上，遍访田园，体察农桑，绘制了光耀千年的《耕织图》，成为历代皇家收藏摹绘、推崇嘉许的传世农事"教科书"。楼的《耕织图》问世后，元明清"正统"的成系统的耕织图皆模仿自楼图。清代，从康熙以后每朝皇帝几乎都让画院依照楼图绘《耕织图》，特别是清代以《耕织图》作为官方推行其农本思想的载体。

中国农业科学院附属小学创造性地将清康熙三十五年（1696）内府刊刻的《御制耕织图》与小学劳动课程进行了结合，将文学、农学、气象学有机融合，创设出特色课程——古籍劳动课，本书即为该课程的教案教材。《御制耕织图》中耕目、织目各二十三幅图，共计四十六幅图。本书从耕目、织目中各选取八幅图设课，每个课程分为"知"和"行"两个部分，引导学生认知每幅图中包含的"画""诗""字""书""刻"知识，并通过实际操作、实地走访考察等方式，帮助学生对"耕织"的这些劳动环节进一步加深理解和感受，提高劳动技能，增强解决生活中实际问题的能力。

我们期盼通过本书，令"耕织"这一烙印在中华文化中的印记，及其背后所饱含的先人的智慧与情感，所蕴藏的文化基因与精神信仰，也能够刻进孩子们的心中并变得更加鲜明耀眼，能够在当今这个时代依然流淌于我们的血脉之中，不被锈蚀，不被磨灭，成为我们取之不尽、用之不竭的精神财富和创造力源泉。

中国气象局公共气象服务中心科学主任

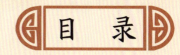

目 录

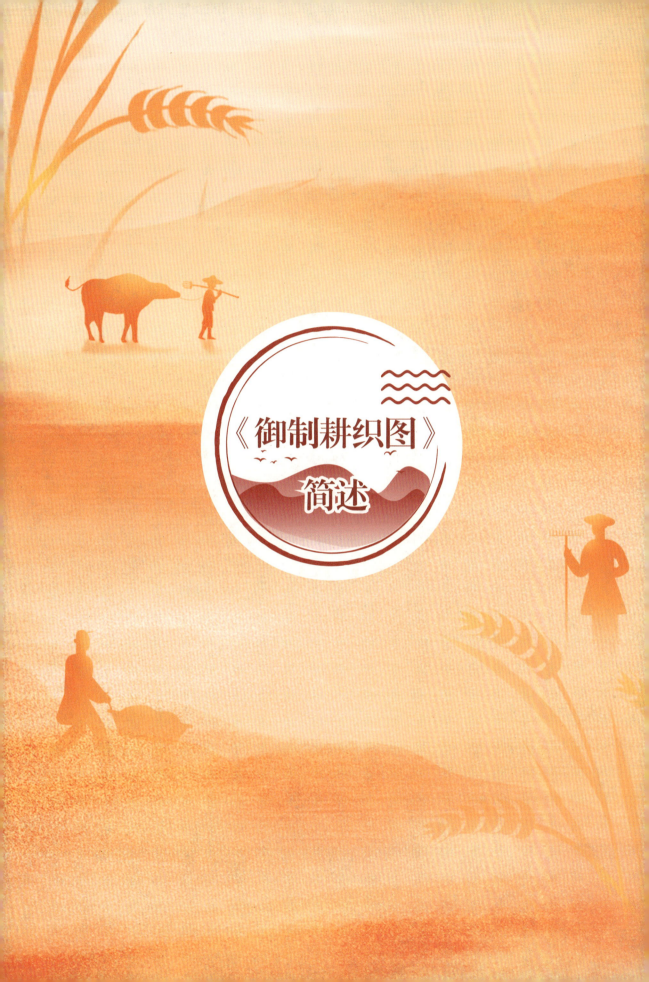

《御制耕织图》
简述

一犁杏雨润苍生——简述《御制耕织图》的前世今生

　　我国康熙年间出版了一本很有特色的农业古籍，名为《御制耕织图》，顾名思义，这本古籍是康熙皇帝亲自主持编写的。

　　这本书最大的特色，是图文并茂、构思精妙、绘制精湛、华丽工整、设色典雅、中西融合，诗书画刻无一不精，可谓科学与艺术完美融合之珍宝！

　　《御制耕织图》中的序言和诗文，都是康熙亲自创作并书写的，可见他对这本书的重视程度。书中这套图对此后的农业发展产生了深远的影响，它不仅在我国民间广泛流传，而且传播到海外。

　　康熙为书中的耕目书写了"一犁杏雨"题签，盖有"康熙宸翰"之印。这笔力遒劲的四个大字，令人仿佛又回到了三百多年前的康熙王朝，体会到康熙亲自主持编写这本农书的良苦用心。让我们随着倒流的时光，一起来回顾一下这本珍贵农业古籍的前世今生吧。

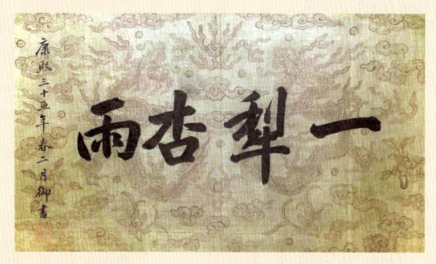

　　公元 1689 年，也就是康熙二十八年，康熙皇帝第二次南巡。此时的康熙已经展露出一代圣君的风采，他尊重和学习汉族文化，关心民间疾苦，所作所为深得人心，逐渐获得了全国百姓的爱戴。

　　有一天，康熙来到江浙某地，当地的读书人得知皇帝驾到，非常激动。为了表达对康熙皇帝的敬爱，他们送给康熙一件不同寻常的礼物——曾在南宋初年任杭州所属於潜县令的楼璹所作的《耕织图》。

　　当康熙看到这本《耕织图》时，立刻被吸引住了，他认认真真把这本古籍从头到尾浏览了一遍，被书中的图画和诗句深深打动了。

　　康熙虽然生长在北方，但他对水稻种植和蚕织并不陌生，他在北京西苑的丰泽园旁，有稻田十亩一分，耕地一亩三分，包括康熙帝的"试验田"和蚕房。

　　此外，康熙对农耕诗也很熟悉，从《诗经》的《豳风·七月》到后来的田园派诗歌，

他都了然于胸。但是像这本《耕织图》这样以图文并茂的形式来忠实记录男耕女织的古籍，却是他从未见过的。

康熙听当地读书人讲，楼璹当年在於潜县任县令的时候，正是南宋初年，经历靖康之变后，国家期待中兴。当地的农夫蚕妇由于还没有掌握先进的耕织技术，劳作很辛苦，但收成却常不如意。楼璹看在眼里，急在心里。他经过详细调研，探究了水稻耕作技术的二十一个环节和蚕织技术的二十四个环节，在绍兴三年（1133年）时亲自将其准确、形象地绘制出来，并配上四十五首五言诗。这本书出版后，楼璹就在当地大力推广。由于耕织图有图有文，老百姓都看得懂，使当地的耕织水平和效率得到了大大提高。因为政绩突出，宋高宗召见了楼璹，楼璹也趁着这个机会向宋高宗呈献了《耕织图》，宋高宗非常高兴，就下令向全国推广这本书，大大推动了南宋的农业发展。

"东皋一犁雨，布谷初催耕。绿野暗春晓，乌犍苦肩赪。我衔劝农字，杖策东郊行。永怀历山下，法事关圣情。"康熙诵读着楼璹的诗句，不禁感慨万千，他想：如果能让普天之下都好好崇尚耕织，大家都能勤劳节俭、衣食无忧，就一定可以开拓一个和平安康、富裕长寿的天下。

回京后，康熙立刻召见了宫廷画师焦秉贞，把《耕织图》交给他，命令他根据这本古籍重新绘制一本全新的《耕织图》。

焦秉贞通天文地理，会测算，又擅长画人物、楼观，画法以工笔重彩为主，兼用西洋画法，讲求明暗与透视等技巧。为了完成这个艰巨的任务，焦秉贞在借鉴楼璹《耕织图》的基础上，又参考了大量历代农业古籍。焦秉贞对楼璹的《耕织图》内容稍有改动，其中耕图增加《初秧图》《祭神图》二图，织图删去《下蚕图》《喂蚕图》《一眠图》，同时增加《染色图》《成衣图》二图，使《耕织图》由南宋时的四十五幅变为四十六幅，相对应的耕织图诗的内容也发生了变化。

经过整整七年时间，在康熙三十五年（1696年）二月社日（二十二日），焦秉贞终于完成了《耕织图》的重新绘制工作。

这本全新的《耕织图》即《御制耕织图》，绘画耕图二十三幅，织图二十三幅，共四十六幅。其耕图二十三幅所绘工序分别为：浸种、耕、耙耨、耖、碌碡、布秧、初秧、淤荫、拔秧、插秧、一耘、二耘、三耘、灌溉、收刈、登场、持穗、舂碓、簸、簸扬、砻、入仓、祭神。其织图二十三幅所绘工序分别为：浴蚕、二眠、三眠、大起、捉绩、分箔、采桑、上簇、炙箔、下簇、择茧、窖茧、练丝、蚕蛾、祀神、纬、织、络丝、经、染色、攀花、剪帛、成衣。

焦秉贞不愧为杰出的画家兼科学家，他所绘制的《御制耕织图》，田家景物，曲尽其致；蚕室机杼，精妙无穷！图中的旷野都延伸至天边，远处都有隐约的地平线；人物、房屋、树木近大远小，将空间透视感增强；他还运用了类似摄影镜头进行仰俯与内置的视角进行绘制画面，以此来弥补传统中国画表现技法的局限性，以期营造出三维空间的结构和画面内部空间的真实感。焦秉贞的画法在一定程度上摆脱了传统的束缚展现了一种自然主义的描绘风格，同时又保持了中国画的独特意蕴。

当焦秉贞把《御制耕织图》进献给康熙皇帝的时候，正值康熙皇帝第二次御驾亲征噶尔丹取得决定性胜利之日。当时的康熙心情愉悦、志得意满，看到美轮美奂的《御制耕织图》，更是龙颜大悦，不禁诗兴大发，为每一幅图配诗一首并亲自题写，每首诗都是七言四句。在诗文中，康熙帝并没有用笔墨更多地介绍农桑知识，而是感慨农夫织女的万般辛劳，告诫人们"须知白粲流匙滑，费尽农夫百种心""自昔宫廷多浣濯，总怜蚕织重劳人"。

康熙帝还亲自为《御制耕织图》作序，在序言开头，他这样写道："我日夜勤劳谨慎，孜孜以求治理好国家。常念想民生的根本，就是以衣食为天。"

"千古一帝"康熙，字里行间无时无刻不流露出对农民、农业的关心、爱惜和怜悯。康熙通过《御制耕织图》劝课农桑，普及农业知识，推广耕作技术，促进农业发展，应当说是做了一件大好事。《御制耕织图》经镂版印刻，迅速在全国得到推广。此后，雍正、乾隆皇帝又相继创作耕织图诗，并把《御制耕织图》不断发扬光大，为开创康雍乾盛世打下了坚实的基础。

中国农业科学院国家农业图书馆副主任、中国诗歌学会理事

黄　卫

《御制耕织图》内容展示

封面和序

朕早夜勤毖，研求治理。念生民之本，以衣食为天。尝读《豳风》《无逸》诸篇，其言稼穑蚕桑，纤悉具备。昔人以此被之管弦，列于典诰，有天下国家者，洵不可不留连三复于其际也。西汉诏令，最为近古，其言曰：农事伤，则饥之本也；女红害，则寒之源也。又曰：老者以寿终，幼孤得遂长。欲臻斯理者，舍本务其曷以奉。朕每巡省风谣，乐观农事。于南北土疆之性，黍稷播种之宜，节候早晚之殊，蝗螟捕治之法，素爱咨询，知此甚晰，听政时恒与诸臣工言之。于丰泽园之侧，治田数畦，环以溪水，阡陌井然在目，桔橰之声盈耳，岁收嘉禾数十种。陇畔树桑，傍列蚕舍，浴茧缫丝，恍然如茅檐蔀屋。因构"知稼轩""秋云亭"以临观之。古人有言：衣帛当思织女之寒，食粟当念农夫之苦。朕惓惓于此，至深且切也。爰绘耕、织图各二十三幅，朕于每幅制诗一章，以吟咏其勤苦，而书之于图。自始事迄终事，农人胼手胝足之劳，蚕女茧丝机杼之瘁，咸备其情状。复命镂板流传，用以示子孙臣庶，俾知粒食维艰，授衣匪易。《书》曰：惟土物爱厥心臧。庶于斯图有所感发焉。且欲令寰宇之内，皆敦崇本业，勤以徕之，俭以积之，衣食丰饶，以共跻于安和富寿之域，斯则朕嘉画元元之至意也夫。

康熙三十五年春二月社日

耕 目

《浸种图》

《耕图》

《耙耨图》

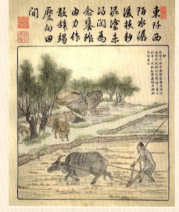

《耖图》

《碌碡图》

《布秧图》

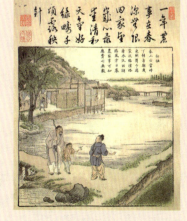

《初秧图》

《淤荫图》

《拔秧图》

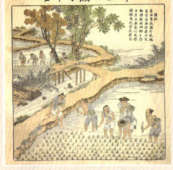

《插秧图》

《一耘图》

《二耘图》

《三耘图》

《灌溉图》

《收刈图》

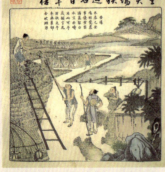

《登场图》

《持穗图》

《舂碓图》

《筛图》

《簸扬图》

《砻图》

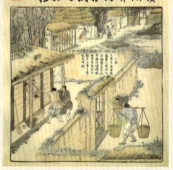

《入仓图》

《祭神图》

织 目

《浴蚕图》

《大起图》

《捉绩图》

《二眠图》

《三眠图》

《分箔图》

《采桑图》

《上簇图》

《炙箔图》

《下簇图》

《择茧图》

《窖茧图》

《练丝图》

《蚕蛾图》

《祀谢图》

《纬图》

《织图》

《络丝图》

《经图》

《染色图》

《攀花图》

《剪帛图》

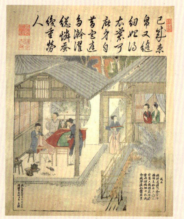

《成衣图》

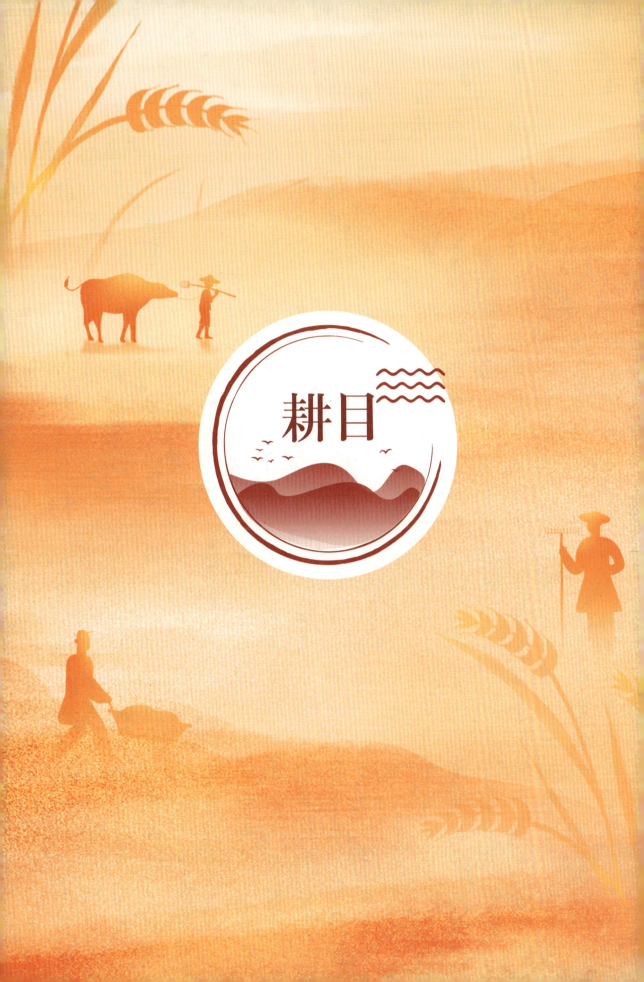

布 秧

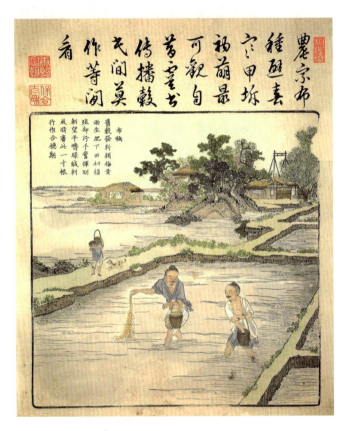

《布秧图》

　　"谁知盘中餐，粒粒皆辛苦"，从种子变成粮食，从田间走上餐桌，一粒大米，要经过多少路，才能来到我们的面前？

　　《御制耕织图》给了我们答案：它按照稻米种植、收获和加工的工序大致分为八个部分。第一部分为浸种，将稻种浸水催芽；第二部分为整地，包括耕、耙耱、耖、碌碡，大概经历了粗耕、细耕、整平的过程；第三部分是育苗，包括布秧、初秧、淤荫；第四部分是插秧，包括拔秧、插秧，是水稻种植过程中最紧张、最繁忙的工序；第五部分是除草，包括一耘、二耘、三耘，是耘田除草的繁复工作；第六部分是灌溉，合理的水供应可以保证稻米的质量和产量；第七部分是收获，包括收刈、登场，细致地描绘了农家的丰收盛况和喜悦之情；第八部分是贮藏，包括持穗、舂碓、簸（筛）、簸扬、砻、入仓、祭神，从稻米入仓贮藏前的准备到入仓盖藏，一年的稻作生产终于可以休止，人们不忘谢神、祭神，企盼来年风调雨顺，年谷丰穰。从《御制耕织图》中，我们不仅可以认识古代稻米产收的过程，更可体会农家耕作的艰辛。

目标导引
1. 通过学习古诗和文字演变，感受水稻育秧的艰辛和乐趣，体会其中"以农立国"的思想和文化内涵。通过赏画识画，欣赏书法、印章等，形成发现、感知、欣赏美的意识。 2. 积极了解关于水稻的知识，乐于参与水稻育种和行走北坞公园等活动，积极参与"光盘行动"。

阶段目标

知				
年段	画	诗	字与书	刻
幼儿阶段	通过观察《布秧图》，初步形成发现、感知美的意识。	对图中的诗歌产生兴趣。	初步感受汉字"布"和"秧"在不同字体中的形体。	通过欣赏印章作品感知美。
1～2年级	通过观察《布秧图》，初步形成发现、感知、欣赏美的意识。	正确、流利地朗读诗歌，理解诗意。	按笔顺规则用硬笔写字，初步感受汉字"布"和"秧"在不同字体中的形体，努力养成良好的写字习惯。	能欣赏印章作品。
3～4年级	将绘画与自然相融合，有探索的意识。	在正确、流利地朗读诗歌并理解诗意的基础上感受水稻育秧的艰辛与乐趣。	运用字典、词典查字，能初步独立识字。使用硬笔熟练地书写汉字"布"和"秧"的楷体字，能模仿除楷体外的其他字体书写，养成良好的书写习惯。	初步感知印章文化，有动手一试的愿望。
5～6年级	将绘画与自然相融合，探究各种问题。	进一步理解诗意，想象诗歌描述的劳动场景，感受水稻育秧的艰辛与乐趣。了解谷雨节气和现代育秧技术，感受科技进步带来的育秧工作的发展。	用毛笔模仿书写汉字"布"和"秧"任意一种字体，在书写中体会汉字的优美，养成良好的书写习惯。	了解有关印章的文化，增强对中国传统文化的审美意识。

行	
幼儿阶段	对水稻知识感兴趣，乐于参与水稻育种和北坞公园的研学活动，积极参与光盘行动。
1～2年级	积极了解关于水稻的知识，乐于参与水稻育种和北坞公园的研学活动，积极参与光盘行动。
3～4年级	将关于水稻的知识以图文并茂的方式制作思维导图，乐于参与水稻育种和北坞公园的研学活动，积极参与光盘行动，培养爱惜粮食的品质。
5～6年级	在研究性学习基础上完成研究报告，乐于参与水稻育种和北坞公园的研学的活动，按照制定的计划完成活动任务，并用图文搭配的方式进行记录，积极参与光盘行动，能发现生活中珍爱粮食的方法，培养爱惜粮食的品质。

课程实施
计划分为4课时。 第1课时：导入、完成"知"中"画""诗""字"部分的内容。 第2课时：完成"书"和"刻"部分的内容。 第3课时：完成"行"的任务一——了解关于水稻的知识，任务二——参与水稻育种活动。 第4课时：完成"行"的任务三——行走北坞公园，任务四——参与光盘行动。

课程评价		
知		
画	探究绘画：将绘画与自然相融合，探究各种问题。	
诗	体会诗意：大体把握诗意，想象诗歌描述的劳动场景，感受水稻育秧的艰辛与乐趣。	
字（书）	书写汉字：在书写中体会汉字的优美，有良好的书写习惯。	
刻	印章文化：了解有关印章的文化，对中国传统文化的审美意识有所增强。	
行		
水稻的"前生今世"	参与积极：积极了解关于水稻的知识。	
	制作合理：能将关于水稻的知识合理用于制作名片、思维导图和研究报告。	
	图文并茂：通过图文搭配等方式完成名片、思维导图和研究报告。	
水稻成长记——完成一次水稻育种	参与积极：积极主动参与到水稻育种活动中。	
	生长体验：活动过程中认真、细致观察水稻生长过程，遵循季节特点和水稻的生长规律。	
	活动记录：通过图文结合等方式完成劳动实践活动记录。	
行走——北坞公园	参与积极：积极参与北坞公园研学活动。	
	研学活动：能设计活动计划，并按照计划进行活动，达到活动目的。活动中注意个人防护和交通安全。	
	研学手记：通过图文搭配等方式做好研学手记。	
我是光盘小达人	参与积极：积极参与光盘行动活动。	
	发现方法：能发现生活中珍爱粮食的方法。	
	节约意识：具有爱惜粮食、勤俭节约的好品质。	

一、知

布秧是育苗的第一道工序，即播种育秧，是水稻生产中的重要环节。农民首先要选择一块地做秧田，将浸水后发芽的稻种撒到整好的秧田里布种育秧。俗话说："秧好半年粮。"播种时机的选择和疏密的控制，都得凭经验和技术。农人们往往挎篓于田间，边行边撒，播撒的不仅是稻种，也是对丰收的希望。

（一）画

请查一查清朝画作的普遍特征，从复古和创新两种趋向，在题材内容、思想情趣、笔墨技巧等方面解读一下《布秧图》，完成下列填空。

《布秧图》	
题材内容	
思想情趣	
笔墨技巧	

请仔细观察，你觉得下图中这两个人在聊什么？

仔细观察下图中标出的人物,你觉得他要去哪儿?

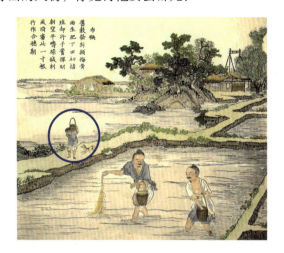

(二)诗

康熙赋诗

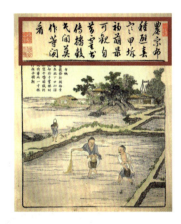

识文

看 作 民 传 昔 可 初 寒 秧 农
等 间 虞 观 萌 避 家
闲 莫 谷 书 自 最 坼 春 布

吟诵

农家布秧避春寒,
甲坼①初萌②最可观。
自昔虞书③传播谷,
民间莫作等闲④看。

注释

① 甲坼(chè):坼,裂开,甲坼即植物种子外皮裂开。
② 初萌:种子开始萌动发芽,也叫"露白"。
③ 虞(yú)书:即《虞书》,也叫《虞夏书》,《尚书》组成部分之一,是记载唐尧、
　 虞舜、夏禹等事迹之书。
④ 等闲:随随便便地,白白地。

简析

　　农家播种很注意躲开早春寒天,种子开始萌动发芽,喜人好看,自从尧、舜、
禹时期流传下来种植五谷的方式,农民从来都认真耕种,绝不随随便便。
　　布秧即播种育秧,是水稻生产中的一个重要环节。农谚说:"秧好半年粮。"说
明育秧的重要性,故诗中描述农民从来不把它等闲看待。

楼璹题咏

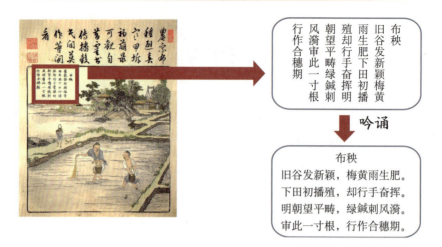

吟诵

布秧

旧谷发新颖，梅黄雨生肥。
下田初播殖，却行手奋挥。
明朝望平畴，绿鍼刺风漪。
审此一寸根，行作合穗期。

简析　　春末夏初，降水合适、土地肥沃，稻种已经发芽，正适合播种。在田间播撒种子，期待明天就能看到平旷的原野有新生的秧苗长出，直到一个秧苗生出二穗。

 拓展知识

谷雨节气

节气概说

二十四节气的第六个节气是谷雨（4月19—21日交节），也是春季的最后一个节气。此时太阳到达黄经30°，雨水增多，有利于谷类农作物的生长。

中国古代将谷雨分为三候："一候萍始生；二候鸣鸠拂其羽；三候戴胜降于桑。"（《月令七十二候集解》）谷雨后降水增多，浮萍开始生长；布谷鸟追逐鸣叫，提醒人们播种；戴胜鸟落在桑树上，养蚕即将开始。谷雨时节正值暮春，是牡丹花开的重要时段，因此，牡丹花也被称为"谷雨花"，民间有"谷雨三朝看牡丹"的说法。

花开时节动京城

农事农谚

古人说"雨生百谷"，这是播种移苗、埯瓜点豆的最佳时节。俗话说"清明断雪，谷雨

断霜"，谷雨节气天气温和，降雨增多，适量的雨水有利于越冬作物的返青拔节和春播作物的播种出苗，但雨水过量或严重干旱，会对作物造成危害。

和谷雨相关的农谚很多，如："谷雨种棉家家忙""谷雨有雨棉花肥""谷雨时节种谷天，南坡北洼忙种棉""谷雨栽上红薯秧，一棵能收一大筐""连续阴雨不停，小麦易生锈病""清明高粱谷雨花，立夏谷子小满薯""清明麻，谷雨花，立夏栽稻点芝麻""谷雨到立夏，就把小苗挖""谷雨前后栽地瓜，最好不要过立夏"。

节气习俗

采制谷雨茶

南方有谷雨摘茶的习俗。谷雨茶也就是雨前茶，是谷雨时节采制的春茶。春季温度适中，雨量充沛，加上茶树经冬季的休养生息，春梢芽叶肥硕、色泽翠绿、叶质柔软，富含多种维生素和氨基酸，茶叶滋味鲜活，香气怡人。传说喝谷雨茶可以清火、辟邪、明目。谷雨茶除了嫩芽外，还有一芽一嫩叶或一芽两嫩叶的，一芽一嫩叶的茶称为"旗枪"，一芽两嫩叶的称为"雀舌"，与清明茶同为佳品。

食香椿

谷雨前后香椿上市，北方有谷雨食香椿的习俗。这时的香椿醇香爽口，营养价值高，有"雨前香椿嫩如丝"之说。香椿不仅风味独特，还具有提高机体免疫力、健胃、理气、止泻、润肤、抗菌、消炎等功效。

禁蝎

清代民间已有用"谷雨帖"灭毒蝎的习俗。在山西临汾一带，人们在谷雨这天画张天师符贴在门上，名曰"禁蝎"。陕西凤翔一带的禁蝎咒符以木刻印制，说明"谷雨帖"的需求量很大。画面中央印有雄鸡衔虫，爪下还有一只大蝎子以及咒符。山东也有禁蝎习俗。清乾隆六年《夏津县志》记载："谷雨，朱砂书符禁蝎。"禁蝎的习俗反映了人们驱除害虫，渴望丰收、平安的美好愿望。

谷雨节

谷雨时节，百鱼上岸，山东沿海的渔民祈求海神保佑、出海平安、鱼虾丰收。如今，山东荣城渔民依旧在谷雨这天举行传统的祭海仪式，感谢海神赐给的丰厚鱼虾（一说祭拜龙王），祈求神灵保佑，免灾除难。

祭仓颉

谷雨祭仓颉是自汉代以来流传至今的民间传统。传说仓颉造字后，"天雨谷，鬼夜哭"，于是有种说法是把仓颉造字这天叫作谷雨。陕西渭南白水县至今仍然保留着谷雨祭祀文祖仓颉的习俗。这一祭祀仪式体现了汉民族对文字始祖的崇拜，也使仓颉造字的故事与开拓精神得到延续和传承。

雄鸡衔虫

（三）字

布（bù）

金文　　篆书　　隶书　　楷书

"布"是形声字。金文从巾，父声；小篆声符"父"变得不明显了；楷书写作"布"。"布，枲织也。从巾，父声。"（《说文·巾部》）

"布"的本义为麻、葛织物；可用作动词，指铺开、展开，引申指安排、设置；又指散布、流传，引申指当众宣告，进而引申指施与。

秧（yāng）

篆书　　隶书　　楷书

"秧"是形声字。小篆从禾，央声；楷书写作"秧"。"秧，禾若秧穰也。从禾，央声。"（《说文·禾部》）

"秧"的本义是水稻密集的幼苗。在田间插秧时唱的劳动歌曲叫"秧歌"，也指流行于北方农村的一种用锣鼓伴奏的歌舞活动。由水稻的幼苗引申指植物的幼苗，还指某些植物的茎，又指某些饲养的初生小动物。

布秧中的"布"用作动词，指传布，引申指撒种，而"秧"用作本义水稻的幼苗。布秧一词意为撒种育秧，目的是培育水稻壮秧，插秧后水稻才会生长得更好。选择和安排好秧田、按照秧田面积控制好播种量等，都是培育壮秧的重要环节，所以播种时机的选择和疏密的控制都得做好规划和安排。可见，在小小的一块田地上布秧，也需做好谋篇布局，咫尺方寸之间，可见朗朗乾坤之大。

请你根据"布""秧"的文字含义，用具体的形象替代文字的某些部分或某些笔画，设计"布"和"秧"的象形创意字体，填在下面的空框里。

诗里乾坤

"吉日初开种稻包，南山雷动雨连宵。今年不欠秧田水，新涨看看拍小桥。"

简析： 蒲包里的稻种已经发芽，可以开包以备播种，一场喜雨之后，秧田蓄水充足，丰收指日可待。

——宋·范成大《春日田园杂兴·其十一》

"凡播种，先以稻包浸数日，俟其生芽，撒于田中，生出寸许，其名曰秧。"

简析： 播种时，先用稻、麦秆包住种子在水里浸几天，待生芽后撒播在田里，长到一寸左右高，称作秧。

——明·宋应星《天工开物》

（四）书

篆书
徐三庚书
出自《出师表》

隶书
曹全碑书

草书　　　　行书
王羲之书　　董其昌书

楷书
欧阳询书

篆书
吴大澂书
出自李公庙碑

隶书
单晓天书

草书　　　　行书
徐伯清书　　范成大书

楷书
颜真卿书

请你选择任意一种字体，完成"布""秧"二字的书法作品。

（五）刻

《御制耕织图》每页书眉题有康熙的配诗，诗前钤有"渊鉴斋"白文朱方印，诗后钤有"康熙宸翰"白文朱方印和"保合太和"朱方印。

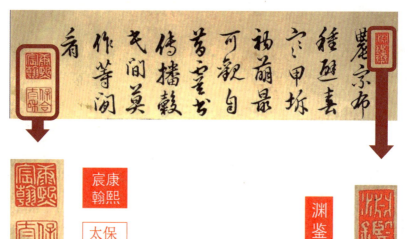

"渊鉴斋"是康熙的书斋名，故址在圆明园内的畅春园中，因此，康熙时的许多内府刻本和御命编纂的一些书籍都冠以"渊鉴斋"，如《渊鉴斋法帖》和《渊鉴斋御纂朱子全书》等。作为印章，"渊鉴斋"常常用于御制序言、诗文、书画之首或康熙本人偏爱或御览过的历代书画作品中，御书长短幅及册页手卷俱可用。

"康熙宸翰"，宸即北辰，就是北极星，指代皇帝（皇帝坐北朝南）。翰本义是羽毛，后来借指毛笔、墨迹、文章、书画、印章、信函等。在这里，"康熙宸翰"的意思就是康熙的墨迹，常钤盖于亲笔题写的文字之后。《耕织图》题诗后的"康熙宸翰"则为阴刻。

"保合太和"出自《周易》："乾道变化，各正性命，保合太和，乃利贞。"其中"乾道"即乾卦所寓意的天道。"各正性命"意为各自按照自己的内在规律发展。乾卦的变化和上天的变化是相符的，万事万物都应当遵守发展规律。保万事万物的和谐，就能昌盛吉祥。

2008 年北京奥运会会徽	2022 年北京冬奥会会徽
以印章作为主体表现形式，将中国传统的印章和书法等艺术形式与运动特征相结合，经过艺术手法夸张变形，幻化成一个向前奔跑、舞动着迎接胜利的运动人形。人的造型同时形似现代"京"字的神韵，蕴含浓重的中国韵味。	以汉字"冬"为灵感来源，运用了中国书法的艺术形态。图形上半部分展现滑冰运动员的造型，下半部分表现滑雪运动员的英姿。中间舞动的线条代表举办地起伏的山峦、赛场、冰雪滑道和节日飘舞的丝带，为会徽增添了节日欢庆的视觉感受。

请运用印章、书法的艺术形态，对"布""秧"两字进行文字创意活动。请展示一下自己的创作，并介绍创作思路。

作品展示：

作品介绍：

二、行——我是快乐小稻农

水稻是当今世界最重要的粮食作物之一，耕种与食用的历史都相当悠久。全球一半以上的人口以稻米为主要食物来源。一粒米，经历了长时间的生长过程和严格的筛选，才得以从田间地头走上餐桌，背后饱含着人的智慧结晶和辛勤付出。

 任务一 水稻的"前生今世"

野稻：形如杂草，产量极低

现代栽培稻：好种、好看、好吃又好卖

在人类的栽培过程中，水稻逐渐发生改变，这种改变的过程也凝聚了人类的智慧。你了解水稻吗？你知道水稻是如何生长的吗？

活动一：制作水稻"名片"

为了初步了解水稻，请制作一张水稻的名片，向家人、老师和朋友介绍一下自己了解的水稻知识。

水稻"名片"

活动二：制作关于水稻的思维导图

你了解水稻的生长过程吗？你知道稻谷怎样变成我们每天吃的食物吗？请沿着水稻的"足迹"，探寻水稻的生长过程，制作关于水稻的思维导图。

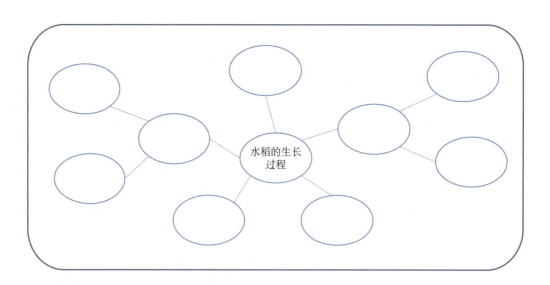

活动三：撰写水稻研究报告

对于水稻，你还有哪些想要了解的问题？请在研究性学习的基础上撰写关于水稻的研究报告。

_____的研究报告

研究的问题	
研究方法	
研究过程	
研究结论	

任务二　水稻成长记——完成一次水稻育秧

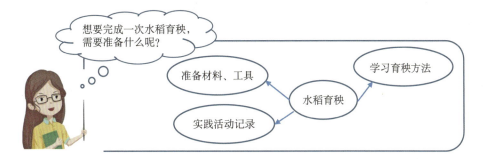

想要完成一次水稻育秧，需要准备什么呢?

准备材料、工具　　水稻育秧　　学习育秧方法

实践活动记录

材料、工具

水稻种子：颗粒饱满、无病虫害　　土壤：营养丰富

工具

育秧方法

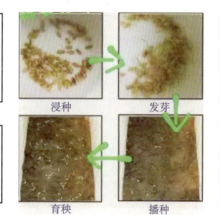

步骤1：将颗粒饱满、无病虫害的水稻种子在清水中淘洗三次，然后浸泡在水中。

步骤2：等待种子发芽后将其取出。

浸种　发芽

步骤4：在育秧期间注意温度不能低于5℃。温度超过16℃便可顺利出苗。

步骤3：选择营养丰富的土壤作为苗土，将发芽的水稻种子直接播撒在苗土中。

育秧　播种

　　秧苗培育成功后，就要对秧苗进行插秧，插秧完毕，秧苗就会不断茁壮成长，它们需要大量的水分和阳光，还需要给它们施肥。只有吸收足够的营养，水稻才能好好成长。待到稻谷成熟时，稻穗低垂，金黄饱满，随风摇摆，此时就可以收割稻谷了。稻谷经过干燥、筛选、去壳等多步骤处理，就会变成香喷喷的白米饭了。

实践活动记录

　　请你用自己喜欢的方法把水稻育秧的过程记录下来吧，如：画自然笔记、拍照、拍视频、写观察日记。

"水稻成长记"劳动实践活动记录	
活动过程 （图文结合）	
活动收获 （感想）	

任务三　行走——北坞公园

　　完成了育秧过程，你就可以到北坞公园观赏甚至参与田间插秧及水稻收获的过程。北坞公园位于海淀区四季青镇东北部，公园里有上千顷的稻田，让人们感受到一种历史的气息，领略沃野纵横的原生态。

北坞公园一

　　北坞公园稻田里的忙碌景象是从3月种油菜开始的。稻田上种植油菜花，不仅是为了美化稻田，同时，油菜花也是有机肥的一种，4月中下旬整地施肥的时候，将油菜花碾碎还田，有助于水稻生长。5月底开始机器插秧，之后的稻田工作进入田间管理阶段，直至10月中旬收割入仓，11月达到加工标准后加工上市。

北坞公园二

北坞公园三

　　收割水稻时，人们可沿着北坞公园的小路欣赏两边稻田，看沉甸甸的稻穗压弯了腰。公园内各种雕塑形象地展现劳动的场面。另外，为了让更多的人了解稻田文化，这里还会每年举办丰富多彩的农事体验活动。

主题	北坞公园研学		
活动时间			
参加人员			
行前准备	活动内容		
	活动计划 （出行方式、时间、路线设计等）		
	活动消费预算		
行中探究	活动记录（可以拍照片、摄像、文字记录等）		
行后研学	活动收获与感想		
	感兴趣的问题		
	未解决的问题		
	难忘的时刻		
	最想说的一句话		

任务四 我是光盘"小达人"

　　一粒稻种长成一把大米，再到餐桌上，会经过很多工序，每一步都凝结着无数汗水，来之不易。我们要珍惜农民伯伯的劳动成果，珍惜粮食。但是我们身边浪费粮食的现象依然存在。有的同学吃几口就把饭菜倒掉，有的同学挑食严重……在生活中，我们应该怎样以实际行动珍爱粮食呢？

日常生活中珍爱粮食的方法

1.光盘行动，不扔剩菜剩饭。

2.

3.

4.

5.

　　同学们，节约是美德，更是责任。让我们继续发扬勤俭节约的优良作风，拿出实际行动，从节约每一粒粮食做起。请你发出倡议，和同学们一起节约粮食吧！

古籍劳动课
Guji Laodong Ke

三、评价与提升

知

评价项目		自评	同伴评	师评	家长评
诗	体会诗意	☆☆☆☆☆	☆☆☆☆☆	☆☆☆☆☆	☆☆☆☆☆
字（书）	书写汉字	☆☆☆☆☆	☆☆☆☆☆	☆☆☆☆☆	☆☆☆☆☆
画	探究绘画	☆☆☆☆☆	☆☆☆☆☆	☆☆☆☆☆	☆☆☆☆☆
刻	印章文化	☆☆☆☆☆	☆☆☆☆☆	☆☆☆☆☆	☆☆☆☆☆

行

评价项目		自评	同伴评	师评	家长评
水稻的"前生今世"	参与积极	☆☆☆☆☆	☆☆☆☆☆	☆☆☆☆☆	☆☆☆☆☆
	制作合理	☆☆☆☆☆	☆☆☆☆☆	☆☆☆☆☆	☆☆☆☆☆
	图文并茂	☆☆☆☆☆	☆☆☆☆☆	☆☆☆☆☆	☆☆☆☆☆
水稻成长记—完成一次水稻育种	参与积极	☆☆☆☆☆	☆☆☆☆☆	☆☆☆☆☆	☆☆☆☆☆
	生长体验	☆☆☆☆☆	☆☆☆☆☆	☆☆☆☆☆	☆☆☆☆☆
	活动记录	☆☆☆☆☆	☆☆☆☆☆	☆☆☆☆☆	☆☆☆☆☆
行走—北坞公园	参与积极	☆☆☆☆☆	☆☆☆☆☆	☆☆☆☆☆	☆☆☆☆☆
	研学活动	☆☆☆☆☆	☆☆☆☆☆	☆☆☆☆☆	☆☆☆☆☆
	研学手记	☆☆☆☆☆	☆☆☆☆☆	☆☆☆☆☆	☆☆☆☆☆
我是光盘"小达人"	参与积极	☆☆☆☆☆	☆☆☆☆☆	☆☆☆☆☆	☆☆☆☆☆
	发现方法	☆☆☆☆☆	☆☆☆☆☆	☆☆☆☆☆	☆☆☆☆☆
	节约意识	☆☆☆☆☆	☆☆☆☆☆	☆☆☆☆☆	☆☆☆☆☆

四、思考与总结

1.通过学习《布秧图》，你对水稻耕作有了哪些了解？

2.关于布秧这一劳动环节，你还想进行哪些方面的探究？

随着农业生产机械化水平的提高、高产杂交水稻等技术的推广，现代农民的劳动强度已经大大降低，《耕织图》中很多场景已成为历史记忆，但农耕的原理与辛劳，古今却是一样的。从田间地头到百姓餐桌，粒粒粮食走过的每一步，都凝聚着无数人的汗水。"一粥一饭，当思来处不易"，简朴节约是传统美德，也是修身治家的根本。我们有什么理由不珍惜、不敬畏每一粒粮食呢？

插 秧

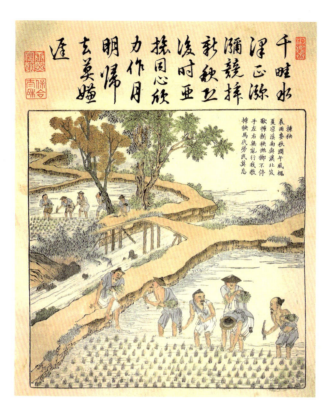

《插秧图》

　　《插秧图》是耕目的第十幅图，描绘了一幅众人在田间忙于插新秧的画面：人们在田中劳作，忙而不乱。拔秧、插秧是水稻种植过程中最紧张、最繁忙的工序。拔起的秧苗需立即种下，且拔秧要避开正午的烈日。从画面上看，这两道工序所需劳动力最多，家庭、村社成员相互帮助，"父子争提携""抛掷不停手"，他们分散在拔秧、运秧、分秧和插秧各个环节上，并相互协调。

目标导引

1.对《御制耕织图》有初步了解，诵读两首诗，理解诗文大意，知道"插"字的演变与字义，能通过欣赏书法、古诗等感受文字的魅力。
2.通过古诗、图画、视频来认识插秧，了解水稻种植的历史发展过程。
3.结合《御制耕织图》的创作背景体会古代农业的重要性以及现代对农业的重视。
4.了解插秧机的发展历程及其工作原理，以及科技进步对农业发展的促进作用。
5.学习种植方法，体会劳动的辛苦与收获的喜悦，学会关注农业发展；养成会劳动、爱劳动的优秀品质；能够在劳动中发现美、创造美。

阶段安排				
知				
年段	画	诗	字	书	刻

年段	画	诗	字	书	刻
幼儿阶段	了解《插秧图》中的人物与活动。	正确诵读画《插秧图》诗歌。	认识"插"字，简单了解"插"的意思。	感知书法中"插"的写法。	通过图片、视频来认识印章。
1～2年级	对《插秧图》有初步的认识与了解，通过古画结合视频认识插秧。	正确流利地诵读《插秧图》中诗歌，了解诗文大意。	会写"插"字，并用其组词造句。	对书法进行感知与认识。	通过图片、视频来认识阴刻和阳刻。
3～4年级	通过观察《插秧图》了解水稻的种植的过程，认识古代的插秧工具及现代的插秧机。	流利诵读《插秧图》中诗歌；尝试诗配画；搜集其他描写插秧的诗句。	知道"插"字的字形演变和字义，能够正确书写；学习提手旁"扌"。	学习握笔；对书法家有初步认识；学习欣赏书法作品，并临摹简单的字。	了解刻法以及刻章的历史。
5～6年级	观察《插秧图》，想象画面，学习透视法，搜集相关图画进行对比学习。	能借助图画用贴切优美的语言说出诗文大意；搜集插秧的诗句并体会劳作的辛苦；通过古文、诗句来认识芒种。	学会区分形声字与会意字；学会以图解字。	学习"插"的不同字体的写法；通过临摹学习和体会不同书法家的作品特点。	通过橡皮章等形式模仿做刻章。

	行				
幼儿阶段	1. 能用卡片制作秧苗。 2. 能用黏土模仿插秧。 3. 能通过绘画描述插秧场景。				
1～2年级	1. 通过简单的手工艺品来模拟插秧过程。 2. 运用文字或绘画的方式来表达自己对插秧的理解。 3. 认识生活中常见的瓜果蔬菜。 4. 种植和养护常见的土培或水培植物，如绿萝、文竹等，并进行观察。				
3～4年级	1. 通过剪纸、绘画等形式来展示插秧场景。 2. 选择常见的瓜果蔬菜进行种植，如大白菜、西红柿、向日葵等；通过文字、绘画、摄影等方式进行相应的植物生长记录。				

续表

阶段安排	
行	
5～6年级	1.学会使用常规的劳动工具，如镰刀、锄头、铁锨等。 2.通过实践学会田间管理、合理密植。 3.完成从选种、播种、育秧、种植、浇水、施肥、驱虫等完整的种植及收获过程。 4.通过文字、绘画、摄影等方式记录植物的生长过程，感受劳动的辛苦与收获的喜悦。
课程实施	
计划分为4课时。 第1～2课时：整体感知，了解"画""诗""书""字""刻"。 第3课时：在实践中进一步理解，实现认同与践行。 第4课时：家、校、社三位一体，通过亦游亦学实现家、校、社联动。	

课程评价		
知		
画	探究绘画：熟知画中人物，了解古画特点，熟知农事插秧。	
诗	流利诵读古诗：能大体把握诗意，想象诗歌描述的劳动场景，感受劳作的辛苦与收获的喜悦。	
字（书）	掌握正确的发音与书写：正确理解字义，了解字形演变。	
刻	印章文化：了解有关印章的文化，区分不同刻法。	
行		
动手操作	积极参与：积极了解关于插秧的知识。	
	制作认真：能利用手中的材料模拟插秧的场景。	
	美观合理：制作的模拟插秧图整体美观合理、生动形象。	
共植希望	积极参与：实践插秧的过程中做到认真仔细，小组内容合作探究。	
	勤于思考：积极参与插秧实践活动中。	
	操作得当：合理计算插秧数量，插秧手法与插秧姿势正确；按照正确的步骤种植向日葵。	
	记录详实：在实践过程中进行详细记录。	
亦游亦学	积极参与：积极参与北京寻稻的实践活动。	
	文明礼貌：在寻稻过程中做到文明礼貌，注意交通安全。	
	勤于思考：遇到问题及时记录，并结合所学认真思考。	
	记录详实：通过图文结合等方式完成游学手记。	

一、知

你们知道，我来自哪里吗？

我是米粒

插秧是水稻种植过程中最紧张，最繁忙的工序。拔起的秧苗需立即种下，且拔秧须避开正午的烈日。插秧要求技巧好，浅插而不倒，不漂秧、不缺穴。这道工序所需劳动力较多，家庭、村社成员相互帮助，以至于"父子争提携""抛掷不停手"，他们分散在拔秧、运秧、分秧和插秧各个环节上，相互协调，又争先恐后。

（一）画

请仔细观察下图，说一说它所描绘的内容，以及自己的看法和疑问。

想一想，下面两幅图中的人物为什么有的在田埂上，有的在田里？

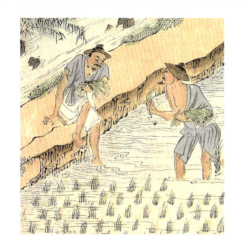

用心"听一听"，下图中的人物在说什么？

模仿下图中人物的动作，并想一想，他们为什么要退着插秧？

（二）诗

康熙赋诗

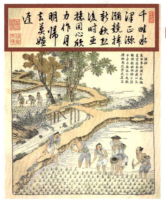

识文

迟 明 力 旅 后 新 淰 泽 千
去 归 作 同 时 秧 淰 正 畦
莫 月 心 恐 竞 水
嫌 欣 插 泽

吟诵

千畦①水泽②正淰淰③，
竞插新秧恐后时。
亚旅④同心欣力作，
月明归去莫嫌迟。

注释

① 千畦：形容稻畦很多。畦，用作田地的量词。如"田五十亩曰畦"（《说文》）。

② 水泽：众多河流、湖泊交错的地方。如"尽据匈奴故地，东西万四千余里，南北七千余里，网罗山川水泽盐池"（《后汉书》）。诗中指代稻田灌水后一片汪汪像水泽一样。

③ 淰淰：同"浼（měi）浼"，古文中为水流平貌。参阅《诗·邶风·新台》："新台有洒，河水浼浼。"

④ 亚旅：诸大夫，上大夫的别称。本诗指兄弟及众子弟，语出《诗经·周颂·载芟》："侯主侯伯，侯亚侯旅。"

译文

稻畦的水汪汪的既满又平，争先恐后插秧为赶农时。仲叔子弟们欣力协作，披星戴月而归也不嫌迟。

楼璹题咏

识文

插秧 马 代 劳 民 莫 忘
手 左 右 无 乱 行 我 教
歌 插 新 秧 抛 掷 不 停
夏 凉 溪 南 与 溪 北 笑 槐
插 晨 雨 麦 秋 润 午 风 槐
秧

吟诵

插秧
晨雨麦秋润，午风槐夏凉。
溪南与溪北，笑歌插新秧。
抛掷不停手，左右无乱行。
我教插秧马，代劳民莫忘。

　　麦秋时节，清晨的雨格外滋润，正午在槐树下会感到格外凉爽。无论是溪南还是溪北，人们都唱着欢快的歌儿忙着插秧。插秧的插得快，抛秧的手不停，秧插得十分整齐，左右没有一点凌乱。我来教大家使用秧马插秧，不要忘了还可以使用这些代劳工具。

　　通过对《插秧图》图画、诗句的学习，我们对插秧有了一定的认识，请在课下观看有关视频，了解现代的插秧。

现代人工插秧

现代插秧机

插秧歌
宋·杨万里

田夫抛秧田妇接，小儿拔秧大儿插。
笠是兜鍪①蓑是甲，雨从头上湿到胛②。
唤渠朝餐歇半霎③，低头折腰只不答。
秧根未牢莳④未匝⑤，照管鹅儿与雏鸭。

注释

① 兜鍪（móu）：古代作战用的头盔。
② 胛：肩胛。
③ 半霎：一会儿。
④ 莳（shì）：移栽，插秧又称莳秧、莳田。
⑤ 匝：周，完毕。

译文

　　农夫抛秧，农妇接住，小儿去拔秧，大儿来帮忙春插。斗笠是头盔，蓑衣似铁甲，大雨劈头浇下湿透肩胛，叫他停歇片刻去用早饭，他低头弯腰总不回答，半晌却道："这秧根没有长牢

固，田也没栽满，要照看好鹅群和顽皮的雏鸭！"

（三）字

插（chā）

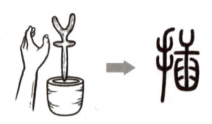

双手握着杵向下扎，就是插入。

插的金体字　插的篆体字　插的隶体字

插的行体字　　插的草体字

"插"是会意兼形字。小篆从手，从舀（用杵捣臼），会舂去麦皮之意。"舀"兼表声。经隶书变后，楷书写作"插"。《说文·手部》曰："插，刺肉也。从手，从舀。"（插，刺入。从手，舀声。）插的异体字：挿、捷。

在小篆文中，"插"字字形左边是手，表明这个字与手的动作有关；右边很像是杵插入臼中进行舂捣。因此，"插"字的本义为刺入、挤放进去，如"沉吟放拨插弦中。"（白居易《琵琶行》）可引申为插秧，指把秧苗、枝条移栽到田地中去，如"有心栽花花不发，无心插柳柳成荫。"泛指插手、插队、加进等，如"休论插科打诨，也不寻宫数调，只看子孝与妻贤。"（高明《琵琶记》）

（四）书

康熙对董其昌的书法推崇备至，认为其书法可作当朝书坛之楷模。受沈荃影响，康熙皇帝从取法欧、颜（欧阳修、颜真卿）转而开始学董，以帝王的意志推崇董其昌书风，朝野上下聚集与董其昌书风相似的书家群体，于是董其昌书风在清初兴起。

康熙《柳条边望月诗（轴）》

柳条边望月

雨过高天霁晚虹，关山迢递月明中。
春风寂寂吹杨柳，摇曳寒光度远空。

康熙一生临写甚多，《柳条边望月诗轴》即为模仿董其昌笔意之作，笔画圆劲秀逸，平淡雍容，字间与行间疏朗匀称，典雅静穆之气充盈纸上。

拓展知识

董其昌

　　董其昌（1555—1636 年），字玄宰，号思白、香光居士，松江华亭（今上海市）人。明朝后期大臣、书画家。董其昌擅于山水画，笔致清秀中和，恬静疏旷；用墨明洁隽朗，温敦淡荡；青绿设色，古朴典雅。以佛家禅宗喻画，倡"南北宗"论，为"华亭画派"杰出代表，兼有"颜骨赵姿"之美，存世作品有《岩居图》《明董其昌秋兴八景图册》《昼锦堂图》《白居易琵琶行》《草书诗册》《烟江叠嶂图跋》等，画作及画论对明末清初的画坛影响甚大。

　　请尝试临摹一下董其昌的书法吧。

（五）刻

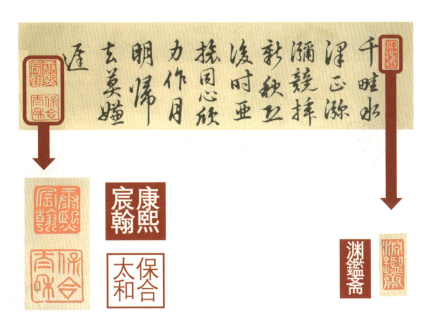

　　阴刻与阳刻是我国传统刻字的两种基本刻制方法，是一种独特的雕刻方式。请思考一下，以上三个印章分别是什么刻法？

 **拓展知识**

名称：保合太和玉印
类别：玉器
年代：清康熙时期
文物原属：原属圆明园收藏
文物现状：1860年"火烧圆明园"后被掠夺并流失海外，现收藏于巴黎东方博物院。

二、行

同学们，你们有过美好的劳动经历吗？你觉得劳动快乐吗？也许你会说，劳动又苦又累，有时还会弄得脏兮兮的，怎么会是快乐的呢？

劳动是快乐的源泉。人们通过劳动为他人提供服务，为社会创造财富。劳动包括体力劳动和脑力劳动，农民在田野里耕耘是劳动，工人在工厂里生产是劳动。劳动伴随着生命的过程，体现了生命的价值。劳动的喜悦往往是在艰辛地付出之后才能得到。春天开开心心地在种植园播种、浇水，体验劳动的辛劳与快乐；秋天通过劳动收获成熟的庄稼。我们看到劳动的成果，会发自内心地感到高兴，觉得生活更有意义，人生更有价值。一分付出一分回报，一分辛劳一分甘甜。爱劳动、会劳动的孩子是最幸福的。让我们一起体验劳动的快乐吧。

任务一 动手操作

活动一：巧剪稻穗

活动二：制作农耕主题树叶画

农耕孕育了中华文明光辉灿烂的农耕文化，书写了中国人的伟大和自豪。请选取一个农耕的场景，收集树叶，用树叶拼贴成一幅画，共同体会农耕带给我们的欢乐。

活动三：制作插秧主题黏土手工作品

请用绿色的硬纸制作成秧苗，用超轻黏土作土壤，来制作一个手工作品，体验插秧这一劳动过程。

也可用超轻黏土来做一幅插秧图。

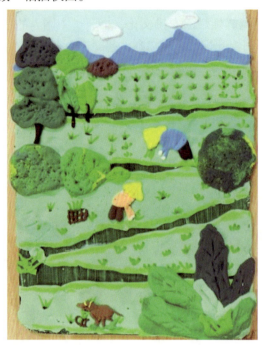

任务二　共植希望

活动一：插秧能手

丈量土地

查阅资料，了解插秧的行距与株距，用恰当的方法来丈量土地，想一想，丈量土地时会用到哪些计量单位？计算出所需秧苗的数量。

科学插秧

根据所查阅的资料，合理密植，完成插秧活动。

活动二：向阳而生

我们经常会在茶余饭后吃葵花子，尤其是过年过节的时候，那你知道葵花子是怎么来的吗？它们是怎么生长的？如果要种植，需要做哪些准备？下面就一起来了解一下。

初步认识

了解植物种植的过程

一般植物的种植都是遵循"播种—生根发芽—长出茎叶—开花结果"的过程。不同的植物对生长环境、温度、阳光、水分等有不同的需求。因此，在种植前，需要我们掌握植物种植要领与技术，这样才能成功培育出果实。

阳光

水、土、肥料

具体步骤

第一步：准备材料。

问题	种植向日葵之前需要准备什么工具或材料？
解决办法	查阅资料 / 询问他人
我打算这样获取材料	

第二步：选种子。要选择什么样的种子呢？
应选择饱满、健康的种子，筛除干瘪、被破坏的种子。

第三步：记录种植过程。

环节	时间安排	具体操作	注意事项
播种			
浇水			
施肥			
除草			
杀虫			

第四步：记录生长过程（可以通过文字和图画等形式来记录）。

植物生长记录表

记录时间	年		月	日
天气				
我为植物做了什么	浇水	晒太阳	施肥	修剪
我的植物生长情况	健康	长高	生病	长虫
我的观察记录				

成果分享

经过种植劳动，你一定有很多收获和感受，请和同学们分享一下吧！

1.回顾种向日葵的整个过程，在选种、播种、浇水、施肥、除草等培育过程中，你遇到了什么样的困难？你是怎么解决的呢？

你的困难：_____

你的解决方案：_____

2.你收获到果实了吗？有没有和你的家人分享你的劳动成果呢？

我收获了_____，我和_____一起分享了成果。

我感到_____

任务三　亦游亦学

活动：北京寻稻

北京有水稻吗？先通过查阅资料等方式来了解一下，然后在北京开启寻稻之旅，并把自己的发现用文字或图画的方式记录下来。

北京寻稻		
我的足迹	我的发现	我的资料
地点一		
地点二		
地点三		

研学课程活动设计
课程概况

活动主题：北京寻稻。

研学目标：认识水稻、了解水稻；同时了解京西稻的历史。

时间安排：1 ~ 2 课时。

适合年级：3 ~ 6 年级。

涉及学科：语文、数学、科学。

研学方式：前往北京各公园寻找水稻的踪迹。

课程目标：培养劳动意识、提升劳动能力、汲取劳动智慧、传承劳动文化。

活动设计

系列活动设计：活动 —— 发现水稻 / 探究历史

关键问题链：1.北京种植水稻与南方种植水稻的区别。2.京西稻的种植历史。

本次活动目标：1.了解水稻的基本知识与特点。2.学习插秧。3.培养劳动意识，锻炼劳动能力，培养探究意识。

学前课	目标：初步了解水稻的基本知识与特点。 过程：通过查阅资料、讲解等方式了解水稻和插秧。
学中课	目标：了解水稻的生长条件；学习南、北稻的区别；探究京西稻的历史。 过程：通过研学过程中的各项活动深入学习水稻与插秧。
学后课	目标：培养劳动意识与探究意识。 过程：通过交流汇报的方式呈现学习的收获，体悟劳动中的智慧。
作品展示	行走手记（文字、绘画、摄影、文创作品等）。

三、评价与提升

知

评价维度	评价要素	自评	同伴评	师评	家长评
诗	流利诵读诗歌	☆☆☆☆☆	☆☆☆☆☆	☆☆☆☆☆	☆☆☆☆☆
	正确理解诗意	☆☆☆☆☆	☆☆☆☆☆	☆☆☆☆☆	☆☆☆☆☆
	体味古诗内涵	☆☆☆☆☆	☆☆☆☆☆	☆☆☆☆☆	☆☆☆☆☆
字	掌握发音与书写	☆☆☆☆☆	☆☆☆☆☆	☆☆☆☆☆	☆☆☆☆☆
	正确理解字义	☆☆☆☆☆	☆☆☆☆☆	☆☆☆☆☆	☆☆☆☆☆
	掌握字形演变	☆☆☆☆☆	☆☆☆☆☆	☆☆☆☆☆	☆☆☆☆☆
	掌握成语并运用	☆☆☆☆☆	☆☆☆☆☆	☆☆☆☆☆	☆☆☆☆☆
书	了解"插"字不同字体的书法作品	☆☆☆☆☆	☆☆☆☆☆	☆☆☆☆☆	☆☆☆☆☆
	书写平稳顺畅	☆☆☆☆☆	☆☆☆☆☆	☆☆☆☆☆	☆☆☆☆☆
	下笔规范有力	☆☆☆☆☆	☆☆☆☆☆	☆☆☆☆☆	☆☆☆☆☆
	笔画舒展到位	☆☆☆☆☆	☆☆☆☆☆	☆☆☆☆☆	☆☆☆☆☆
画	熟知画中人物	☆☆☆☆☆	☆☆☆☆☆	☆☆☆☆☆	☆☆☆☆☆
	熟知农事插秧	☆☆☆☆☆	☆☆☆☆☆	☆☆☆☆☆	☆☆☆☆☆
	了解古画特点	☆☆☆☆☆	☆☆☆☆☆	☆☆☆☆☆	☆☆☆☆☆
刻	了解印章文化	☆☆☆☆☆	☆☆☆☆☆	☆☆☆☆☆	☆☆☆☆☆
	区分不同刻法	☆☆☆☆☆	☆☆☆☆☆	☆☆☆☆☆	☆☆☆☆☆
	了解印章字体	☆☆☆☆☆	☆☆☆☆☆	☆☆☆☆☆	☆☆☆☆☆

行

评价任务	评价要素	自评	同伴评	师评	家长评
动手操作	积极参与	☆☆☆☆☆	☆☆☆☆☆	☆☆☆☆☆	☆☆☆☆☆
	制作认真	☆☆☆☆☆	☆☆☆☆☆	☆☆☆☆☆	☆☆☆☆☆
	美观合理	☆☆☆☆☆	☆☆☆☆☆	☆☆☆☆☆	☆☆☆☆☆

续表

评价任务	评价要素	自评	同伴评	师评	家长评
共植希望	积极参与	☆☆☆☆☆	☆☆☆☆☆	☆☆☆☆☆	☆☆☆☆☆
	勤于思考	☆☆☆☆☆	☆☆☆☆☆	☆☆☆☆☆	☆☆☆☆☆
	操作得当	☆☆☆☆☆	☆☆☆☆☆	☆☆☆☆☆	☆☆☆☆☆
	记录详实	☆☆☆☆☆	☆☆☆☆☆	☆☆☆☆☆	☆☆☆☆☆
亦游亦学	积极参与	☆☆☆☆☆	☆☆☆☆☆	☆☆☆☆☆	☆☆☆☆☆
	文明礼貌	☆☆☆☆☆	☆☆☆☆☆	☆☆☆☆☆	☆☆☆☆☆
	勤于思考	☆☆☆☆☆	☆☆☆☆☆	☆☆☆☆☆	☆☆☆☆☆
	记录详实	☆☆☆☆☆	☆☆☆☆☆	☆☆☆☆☆	☆☆☆☆☆

四、思考与总结

水稻的种植需要经过多重环节，每个环节与步骤都会影响后期水稻的收成，因此，在种植过程中需要考虑多种因素。

1. 通过学习插秧，你学习到哪些插秧知识？

2. 你还想了解哪些种植知识？

通过"知"的学习、"行"的实践两方面，跟随古人的步伐一起学习插秧这一劳动环节，体会劳动的辛苦与快乐，感受中华传统的农耕文明，培养劳动意识，提升劳动能力，汲取劳动智慧，传承劳动文化。

 拓展阅读

以退为进

插秧偈

唐·布袋和尚

手把青秧插满田，

低头便见水中天。

心地清净方为道，

退步原来是向前。

一般人总以为人生向前走才是进步风光的，而这首诗告诉我们，遇事有时退一步也是向前的一种方式，退步的人也可以是风光的。"以退为进""万事无如退步好"，在功名富贵之前退让一步，是何等的安然自得。前进与后退不是绝对的，假如在欲望的追求中，性灵没有提升，则前进正是后退，反之，若在失败与挫折之中，汲取能量，得到锻炼，则后退正是前进。

古代插秧工具

秧马

　　《辞海》中关于秧马的解释是这样的："秧马，古农具。手工插秧时，以减轻劳动强度的坐骑。腹如小舟，首尾上翘。工作中，人骑秧马上，用脚蹬动滑行。"苏轼的《秧马歌》在秧马的宣传推广中发挥了至关重要的作用。《秧马歌》的创作源于苏轼早年游历、途经武昌时所见到的秧马农具，苏轼还将其附在曾安止的《禾谱》之后。

秧马歌（节选）

宋代·苏轼

我有桐马手自提，头尻（kāo）轩昂腹胁低。

背如覆瓦去角圭，以我两足为四蹄。

耸踊滑汰如凫鹥，纤纤来藁（gǎo）亦可赍（jī）。

何用繁缨与月题，却从畦东走畦西。

山城欲闭闻鼓鼙（pí），忽作的卢跃檀溪。

归来挂壁从高栖，了无刍秣（mò）饥不啼。

　　【译文】秧马很轻巧，可以直接用手提起，它头尾翘起腹部略低。背部像瓦片似的没有棱角，两脚踏地它即变成了"四蹄"。当你骑上它，用脚一蹬它就一耸一踊轻轻地从泥水中滑过，如禽鸟般飞于田地中，在它头上绑着的一束束用藁草绑的稻秧便可供你插秧。这样的马不用缰绳不用络头便能"从畦东走畦西"，当天快黑城门要关闭时，它还能像刘备的的卢马越过檀溪似地帮你很快完成插秧。插完秧之后，可把秧马挂在墙上，也不用给它喂草喂料。

莳梧

　　莳梧是我国最早见于记载的可分秧栽植的插秧农具，主要在江苏南通地区被普遍使用，直到二十世纪五六十年代仍有使用。现代插秧机分秧原理正是得到了莳梧的启发。操作时，左手执秧，右手握上部前端，分取秧苗，插入土中。

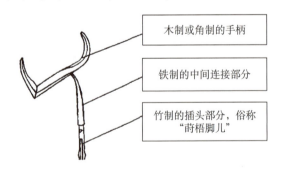

木制或角制的手柄

铁制的中间连接部分

竹制的插头部分，俗称"莳梧脚儿"

以牛角为手柄的莳梧

灌 溉

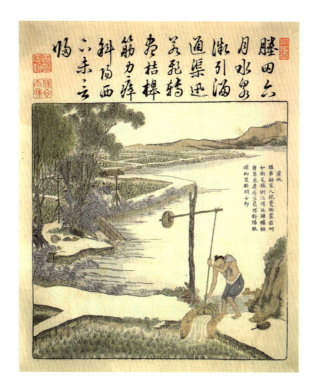

《灌溉图》

　　《灌溉图》是《御制耕织图》耕目的第十四幅图。中国是世界上发展农田灌溉最早的国家之一。秦汉之前对农田灌溉称为"浸"，到汉代有了"溉"或"灌"的叫法，西汉时"灌浸"和"溉灌""灌溉"并用。唐以后习惯用"灌溉"一词，并沿用至今。我国很早就把水利看成是农业的命脉。《管子·水地》中提出了"民之所生，衣与食也，食之所生，水与土也"的思想。在古代，人们是怎么对农田进行灌溉的呢？我国古代积累了丰富的农田灌溉经验，在水源上有泉溪、水井、水塘，在工具上有戽斗、水车、辘轳、桔槔、虹吸管、液槽等，在方法上有补给水分灌溉、培肥灌溉、调节地温灌溉等。

　　在生活中，有时候我们会看到这样的场景，你知道这是在做什么吗？

喷灌

滴灌

目标导引
1.知道桔槔和龙骨水车两种灌溉的工具，感受中国古代劳动人民的智慧，能够通过绘画、书法、诗词、认识历史上灌溉工具的发展，形成传承中华优秀传统文化的意识。 2.通过设计和选择合适的材料和工具制作桔槔模型和滴灌装置，认识灌溉工具的工作原理，感受科技进步带来的灌溉工具的发展。通过云游都江堰活动，感受古代人民伟大智慧的结晶。

阶段安排	
幼儿阶段	通过读图初步认识灌溉工具，感受中国古代劳动人民的智慧。
1～2年级	能正确、流利地朗读诗歌，通过读图感知灌溉工作的艰辛，学会尊重他人的劳动付出，感受中国古代劳动人民的智慧。
3～4年级	能正确、流利地朗读诗歌，能初步独立识字，养成良好的书写习惯。通过读图感知灌溉工作的艰辛，尊重劳动、尊重他人的劳动付出，初步认识历史上灌溉工具的发展，初步形成传承中华优秀传统文化的意识。掌握常见工具的使用方法，制作桔槔和滴灌装置的简化模型，初步认识灌溉工具的工作原理，感受古代人民的智慧。
5～6年级	能正确、流利地朗读诗歌，能够想象诗歌描述的劳动场景。能在书写中体会汉字的优美，养成良好的书写习惯。通过读图感知灌溉工作的艰辛，尊重劳动、尊重他人的劳动付出，知道历史上灌溉工具的发展，形成传承中华优秀传统文化的意识。掌握常见工具的使用方法，通过设计并选择合适的材料和工具制作桔槔模型和滴灌装置，认识灌溉工具的工作原理，感受科技进步带来的灌溉工具的发展，通过云游都江堰活动，感受古代人民伟大智慧的结晶。

知				
	画	诗	字（书）	刻
幼儿阶段	通过读图初步认识灌溉工具。	对诗歌表现出浓厚的兴趣。	初步了解"灌""溉"的字形、字义。	通过欣赏印章作品，感知印章之美。
1～2年级	通过读图感知灌溉工作的艰辛，初步形成发现、感知、欣赏美的意识。	能正确、流利地朗读诗歌。初步感受汉字的字形。喜欢阅读，感受阅读的乐趣。	了解"灌""溉"的字形、字义。能按笔顺规则用硬笔写字，努力养成良好的写字习惯。	能更好地欣赏印章作品。
3～4年级	通过读图感知灌溉工作的艰辛，能将绘画与自然、科技相融合，探究各种问题。	能在正确、流利地朗读诗歌的基础上，感受劳动的艰辛与乐趣。运用字典、词典查字，能初步独立识字。	了解"灌""溉"的字形、字义。能使用硬笔熟练地书写楷书，养成良好的书写习惯。	初步感知印章文化。
5～6年级	通过读图感知灌溉工作的艰辛，能将绘画与自然、科技相融合，有探索的意识。	能大体把握诗意，想象诗歌描述的劳动场景，感受劳动的艰辛与乐趣。在阅读中了解灌溉工具的发展，形成传承中华优秀传统文化的意识。	了解"灌""溉"的字形、字义。能用毛笔书写楷书，并在书写中体会汉字的优美，养成良好的书写习惯。	进一步了解有关印章的文化，提高对中国传统义化的审美意识。

阶段安排	
行	
幼儿阶段	乐于参与云游都江堰活动。
1～2年级	通过云游都江堰活动，能感受到古代劳动人民的伟大智慧。
3～4年级	掌握常见工具的使用方法，制作桔槔和滴灌装置的简化模型，初步认识灌溉工具的工作原理，感受古代人民的智慧。
5～6年级	掌握常见工具的使用方法，通过设计并选择合适的材料和工具制作桔槔模型和滴灌装置，认识灌溉工具的工作原理，感受科技进步带来的灌溉工具的发展，通过云游都江堰活动，感受古代人民伟大智慧的结晶。
课程实施	
课时安排为4课时。 第1课时：导入、完成"知"中"画""诗"部分的内容。 第2课时：完成"知"中"字""书""刻"部分的内容。 第3课时：完成行部分任务一——设计制作桔槔模型。 第4课时：完成行部分任务二——设计制作滴灌装置，任务三——云游都江堰。	

课程评价		
知		
画	探究绘画：将绘画与自然、科技相融合，有探索意识。	
诗	体会诗意：能根据诗意想象诗歌描述的劳动场景，感受灌溉劳动的艰辛与乐趣。	
字（书）	书写汉字：在书写中体会汉字的优美，养成良好的书写习惯。	
刻	印章文化：了解有关印章的文化，对中国传统文化的审美意识有所增强。	
行		
设计制作桔槔模型	参与积极：积极、愉快地参加劳动，遇到困难努力解决，对作品品质要求高，精益求精。	
	制作合理：1.设计图设计合理，能熟练使用工具，能完成作品制作。2.认真完成劳动任务，劳动过程中注意力集中，能规范使用工具，能主动整理桌面，将废弃材料投入相应的垃圾桶，保持桌面干净整洁。	
	认识原理：通过模型制作认识桔槔的工作原理。	
设计制作滴灌装置	参与积极：积极、愉快地参加劳动，遇到困难努力解决，对作品品质要求高，精益求精。体会科技进步带来的灌溉工具的发展	
	制作合理：1.根据示意图，熟练使用工具完成作品制作。能根据需要调整出水量的大小。2.认真完成劳动任务，劳动过程中注意力集中，能规范使用工具，能主动整理桌面，将废弃材料投入相应的垃圾桶，保持桌面干净整洁。	
	认识原理：通过制作能说出滴灌装置的工作原理。	
认知都江堰	参与积极：积极参与云游都江堰活动。	
	感受智慧：能感受到古代劳动人民的伟大智慧。	
	归纳总结：能通过阅读资料、观看视频资料，总结都江堰修建的奥秘。	

一、知

水稻生长的不同时期均依赖水的灌溉，如插秧、返青、孕穗、抽穗等关键时刻，合理的水供应可以保证稻米的质量和产量。在古代，水是怎样到达稻田里的？需要哪些工具？在现代又有哪些方法呢？

耕图中描绘了三种重要的灌溉工具，一为《一耘图》中的戽斗。明徐光启《农政全书》载："戽斗，挹水器也……凡水岸稍下，不容置车，乃用戽斗。控以双绠，两人挈之，抒水上岸，以溉田稼。"二为《灌溉图》中的两处农具，近处是桔槔，杠杆结构，前悬空桶，后坠重石，起落之间，汲水灌溉；远处是历史悠久的龙骨水车。

（一）画

请你查一查清朝画作的特点，在题材内容、思想情趣、笔墨技巧等方面解读一下《灌溉图》。

《灌溉图》	
题材内容	
思想情趣	
笔墨技巧	

下图中这种工具有什么特点？为什么要使用这种工具？

下图中的工具有什么特点？为什么要使用这种工具？

下图是宋代风俗画《清明上河图》中类似的场景，请你将它与上图对比一下，两幅图中使用的工具有哪些相同点和不同点，并写下来。

宋代张择端《清明上河图》局部

（二）诗

康熙赋诗

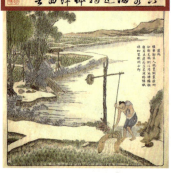

识文

归 下 斜 筋 尽 若 通 微 月 塍
未 阳 力 桔 飞 渠 引 水 田
言 西 瘁 槔 转 迅 溜 泉 六

吟诵

塍田①六月水泉微，
引溜②通渠迅若飞。
转尽桔槔③筋力瘁④，
斜阳西下未言归。

注释

① 塍田：方言田埂。
② 溜：迅速的水流，水量大称大溜，水量小称小溜。
③ 桔槔：汲水的一种简单机械用具，即竖一根直立的椿，上方掛一根横木杆，可以上下起动，一端系水桶，一端坠上大的石块，利用杠杆力学原理，一上一下提水，可以省力。
④ 筋力瘁：过度劳累。

译文

　　六月畦田里的水剩得很少，引来的水到渠里水溜若飞。农人转动桔槔提水已筋疲力尽，太阳已经平西仍不肯回家。用桔槔提水灌溉，虽然劳动强度不大，但节奏紧迫，一点也不能松懈，时间一长也很辛苦，故诗中有"筋力瘁"的描述。

楼璹题咏

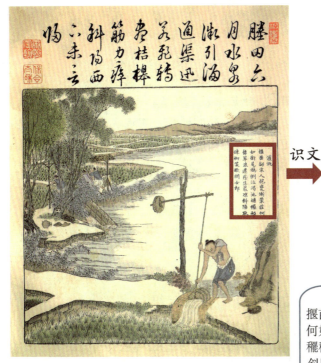

识文

灌溉
揠苗鄙宋人抱瓮惭蒙庄何
如衔尾鸦倒流竭池塘穉秜
舞翠浪蓬蒢生晨凉斜阳耿
疏柳笑歌问女郎

吟诵

灌溉

揠苗鄙宋人，抱瓮惭蒙庄。
何如衔尾鸦，倒流竭池塘。
穉秜舞翠浪，蓬蒢生晨凉。
斜阳耿疏柳，笑歌问女郎。

译文

　　不像拔苗助长的宋人，也不像抱着水瓮浇地的老丈。开转滚动的水车，一节节车斗好像衔尾乌鸦，把池塘中的水从下运送到上面的稻田里。稻苗因风起伏而形成的波浪，像粗粗的席子让人感受到凉爽。夕阳斜照在疏荡的柳树上，青年男女们在树下嬉笑欢唱。

成语典故

　　以上诗文中包含"揠苗助长"和"抱瓮灌园"的典故。

揠苗助长

　　宋国有个人嫌他种的禾苗老是长不高，于是到地里去用手把它们一株一株地拔高，累得气喘吁吁地回家，对他家里人说："今天可真把我累坏啦！不过，我总算让禾苗一下子就长高了！"他的儿子跑到地里去一看，禾苗已全部死了。天下人不犯这种拔苗助长错误的是很少的。认为养护庄稼没有用处而不去管庄稼的，是只种庄稼不除草的懒汉；一厢情愿地去帮助庄稼生长的，就是这种拔苗助长的人，不仅没有益处，反而害死了庄稼。

（典故来源：《孟子·公孙丑上》）

抱瓮灌园

孔子的学生子贡到南边的楚国游历，返回晋国，经过汉水的南沿，见一老丈正在菜园里整地开畦，打了一条地道直通到井边，抱着水瓮浇水灌地，吃力地来来往往，用力甚多而功效甚少。子贡见了说："如今有一种机械，每天可以浇灌上百个菜畦，用力很少而功效颇多，老先生你不想试试吗？"种菜的老人抬起头来看着子贡说："应该怎么做呢？"子贡说："用木料加工成机械，后面重而前面轻，提水就像从井中抽水似的，快速犹如沸腾的水向外溢出一样，它的名字就叫作桔槔。"种菜的老人变了脸色讥笑着说："我从我的老师那里听到这样的话，有了机械之类的东西必定会出现机巧之类的事，有了机巧之类的事必定会出现机变之类的心思。机变的心思存留在胸中，那么不曾受到世俗沾染的纯洁空明的心境就不完整齐备；纯洁空明的心境不完备，那么精神就不会专一安定；精神不能专一安定的人，大道也就不会充实他的心田。我不是不知道你所说的办法，只不过感到羞辱而不愿那样做呀。"子贡满面羞愧，低下头去不能作答。

（典故来源：《庄子·外篇·天地》）

（三）字

灌（guàn）

篆书　隶书　楷书

"灌"是形声字。"灌，水。出庐江雩娄，北入淮。"（《说文·水部》）源出庐江雩娄，向北流入淮河。字形采用"水（氵）"作偏旁，"雚（guàn）"是声旁。

"灌"本义是浇、灌溉。可引申为注入、流进。又可引申为装入、倒入、浇铸、敬酒等义。

溉（gài）

金文　篆书　隶书　楷书

"溉"是会意字。从水（氵），金文、篆书之形像一道水流，表示用水灌溉；从既，既有至、及之义，表示溉是水至农田。本义是灌注，又可用作洗涤。

诗里乾坤

"且子独不见夫桔槔者乎？引之则俯，舍之则仰。"

译文：你一定见过使用桔槔打水的情形吧？牵引绳子，它便俯下；放开绳子，它便仰起。

——《庄子·外篇·天运》

"寂寞於陵子，桔槔方灌园。"

译文：就像那於陵子一样清净，用桔槔汲水浇灌园子。

——唐·王维《辋川闲居》

"翻翻联联衔尾鸦，荦荦确确蜕骨蛇。"

译文：水车翻转时像排列有序的尾鸭，木链条似蛇骨串在一起。

——宋·苏轼《无锡道中赋水车》

"脚痛腰酸晓夜忙，田头车戽响浪浪。高田车进低田出，只愿高低不做荒。"

译文：不管白天还是晚上都在忙碌，脚痛腰也酸，田间地头都在传出车戽工作的声音响，车戽可以把水从低处引到高处，只愿高处的耕地不会因无水而荒废。

——明·邝璠《车戽》

（四）书

| 篆书 | 隶书 | 草书 | 行书 | 楷书 |
| 邓石如书 | 单晓天书 | 王献之书 | 唐寅书 | 颜真卿书 |

| 篆书 | 隶书 | 草书 | 行书 | 楷书 |
| 方去疾书 | 《曹全碑》书 | 王羲之书 | 苏轼书 | 田英章书 |

请选择任意一种字体，完成"灌""溉"二字的书法作品

 拓展知识

历史上灌溉工具的发展

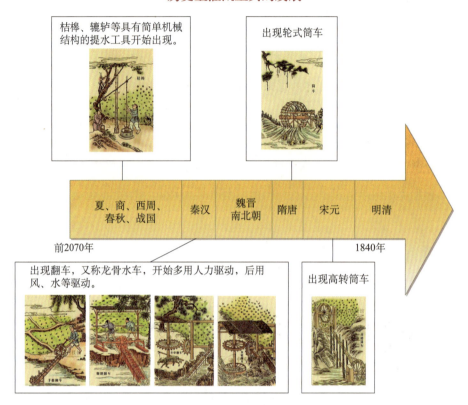

桔槔、辘轳等具有简单机械结构的提水工具开始出现。

出现轮式筒车

| 夏、商、西周、春秋、战国 | 秦汉 | 魏晋南北朝 | 隋唐 | 宋元 | 明清 |

前2070年　　　　　　　　　　　　　　　　　　　1840年

出现翻车,又称龙骨水车,开始多用人力驱动,后用风、水等驱动。

出现高转筒车

　　桔槔俗称"吊杆""称杆",是一种原始的汲水工具。商代在农业灌溉方面,开始采用桔槔。它是在一根竖立的架子上加上一根细长的杠杆,当中是支点,末端悬挂一个重物,前段悬挂水桶。一起一落,汲水可以省力。当人把水桶放入水中打满水以后,由于杠杆末端的重力作用,便能轻易把水提拉至所需处。桔槔早在春秋时期就已相当普遍,而且延续了几千年,是中国农村历代通用的旧式提水器具。这种简单的汲水工具虽简单,但它使劳动人民的劳动强度得以有效减轻。

　　筒车亦称"水转筒车",是一种以水流作动力,取水灌田的工具。据史料记载,筒车发明于隋而盛于唐。是利用水流冲击水轮转动的农业灌溉机械。筒车一般要安装在有流水的河边上,且挖有地槽,被引入地槽的急流推动水轮不停转动,从而将地槽里的水通过水轮上的木筒或竹筒提升到高处,最终流进农田进行灌溉。筒车是靠激流冲击来实现自动运转的,所以筒车的使用受到一定地形限制。

　　高转筒车是古代中国农用工具,筒车的一种,属于提水机械,其提水高度较一般筒车加大,必须借助湍急的河水冲动。这种筒车的适用范围是水很低而岸很高,应用其他筒车不可能将水提升到这么高。高转筒车的发明在一定程度上加快了中国农业的发展,巧妙地运用了水力,节省了劳动力。隋唐五代在长江流域应用。

　　翻车是一种刮板式连续提水机械,又名龙骨水车,是我国古代最著名的农业灌溉机械之一。《后汉书》记有毕岚作翻车，三国马钧加以完善。翻车可用手摇、脚踏、牛转、水转或风转驱动。龙骨叶板用作链条，卧于矩形长槽中，车身斜置河边或池塘边。下链轮和车身一部分没入水中。驱动链轮，叶板就沿槽刮水上升，到长槽上端将水送出。如此连续循环，把水输送到需要之处，可连续取水，功效大大提高，操作搬运方便，还可及时转移取水点，既可灌溉，亦可排涝。

（五）刻

请辨别以上印章所采用的刻法，并在课下收集一些印章图案，辨别它们的刻法。

二、行

 设计、制作桔槔模型

为什么桔槔能够延续几千年，成为中国农村古今通用的提水器具？桔槔里包含哪些科学道理？请制作一个桔槔模型感受一下吧！

设计、制作任务

任务要求	材料、工具
用小木棍、少量的胶带、皮筋和线制作桔槔模型。	小木棍、胶带、皮筋、线、剪刀等。
要求：横杆、立柱大于10厘米，能提起超过200克水。	

桔槔模型的设计方案

任务	设计、制作桔槔模型
材料	
设计图	

任务二 设计制作简易滴灌装置

如今，水资源短缺已经成为我国社会经济可持续发展的重要制约因素。随着工业和城市化的发展，以及人民生活水平的提高，越来越多的水被用来满足工业和居民生活的需要，灌溉用水将更加紧张。现在的灌溉方式主要有地面灌溉、浇灌、科学灌溉等。

滴灌是常用于干旱地区的一种科学、节水灌溉方式。将水一滴一滴地、均匀而又缓慢地滴入植物根系附近土壤中的灌溉形式，滴水流量小，水滴缓慢入土，可以最大限度地减少蒸发损失，土壤水分主要借助毛管张力作用渗入和扩散。

除了在农业中使用滴灌的灌溉方式，我们的生活中也是可以利用滴灌来给植物浇水的。生活中如果你养了很多"嗜水"型植物，却腾不出时间给它们浇水，滴灌装置恰好能解决这个难题。虽然市场上能买到现成的滴灌装置，但价格却有一点贵。我们可以手工制作一个。

滴灌

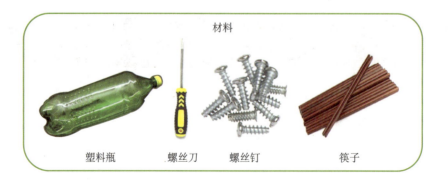
材料

塑料瓶　　　螺丝刀　　　螺丝钉　　　筷子

制作步骤

步骤一：准备一个矿泉水瓶，然后用螺丝刀将螺丝钉拧住瓶盖，瓶底的位置扎几个小洞。	步骤二：用胶带在瓶身的位置绑一根筷子，瓶子灌满水倒插在花盆里，可以旋转螺丝钉来控制水量，一个浇花神器就制作好了。

作品展示：

任务三 认知都江堰

　　除了使用不同的灌溉方式，在中国还有一些人工灌溉系统工程。其中，都江堰是中华民族文明史上可与长城比肩的伟大工程，位于成都平原的岷江中上游的结合部上。战国时期，秦国蜀郡太守李冰率众修建了这一伟大工程，它是全世界至今为止年代最久、唯一留存以无坝引水为特征的宏大水利工程。

　　都江堰以鱼嘴、飞沙堰以及宝瓶口三大工程相辅相成，科学地解决了江水的自动分流、自动排沙、控制进水流量等问题，奠定了这一水利工程千古长存的"不坏金身"。两千多年来，古堰把滔滔东泄的岷江水引到广袤的成都平原，造就出"天府之国"的富饶与美丽。

　　课后请通过查阅有关资料进一步了解千古水利工程——都江堰，并阅读《治水三字经》，总结一下都江堰水利工程修建的奥秘。

　　活动拓展：请通过上网查阅有关信息或阅读有关书籍，了解我国灌溉的起源与发展历程。

"都江堰"治水三字经	都江堰工程修建的奥秘
深淘滩，低作堰，六字旨，千秋鉴，挖河沙， 堆堤岸，砌鱼嘴，安羊圈，立湃阙，凿漏罐， 笼编密，石装健，分四六，平潦旱，水画符， 铁椿见，岁勤修，预防患，遵旧制，勿擅变。	

三、评价与提升

知					
评价项目		自评	同伴评	师评	家长评
诗	体会诗意	☆☆☆☆☆	☆☆☆☆☆	☆☆☆☆☆	☆☆☆☆☆
字（书）	书写汉字	☆☆☆☆☆	☆☆☆☆☆	☆☆☆☆☆	☆☆☆☆☆
画	探究绘画	☆☆☆☆☆	☆☆☆☆☆	☆☆☆☆☆	☆☆☆☆☆
刻	印章文化	☆☆☆☆☆	☆☆☆☆☆	☆☆☆☆☆	☆☆☆☆☆

行					
评价项目		自评	同伴评	师评	家长评
设计制作桔槔模型	参与积极	☆☆☆☆☆	☆☆☆☆☆	☆☆☆☆☆	☆☆☆☆☆
	制作合理	☆☆☆☆☆	☆☆☆☆☆	☆☆☆☆☆	☆☆☆☆☆
	认识原理	☆☆☆☆☆	☆☆☆☆☆	☆☆☆☆☆	☆☆☆☆☆
设计制作滴灌装置	参与积极	☆☆☆☆☆	☆☆☆☆☆	☆☆☆☆☆	☆☆☆☆☆
	制作合理	☆☆☆☆☆	☆☆☆☆☆	☆☆☆☆☆	☆☆☆☆☆
	认识原理	☆☆☆☆☆	☆☆☆☆☆	☆☆☆☆☆	☆☆☆☆☆
认知都江堰	参与积极	☆☆☆☆☆	☆☆☆☆☆	☆☆☆☆☆	☆☆☆☆☆
	感受智慧	☆☆☆☆☆	☆☆☆☆☆	☆☆☆☆☆	☆☆☆☆☆
	归纳总结	☆☆☆☆☆	☆☆☆☆☆	☆☆☆☆☆	☆☆☆☆☆

四、思考与总结

1. 通过学习《灌溉图》，你知道古代的人们是怎样对农田进行灌溉的吗？

2. 对于灌溉工具，你还想了解哪些知识？

在自然条件下，往往因降水量不足或分布不均，不能满足农作物对水分的要求。因此，必须人为地进行灌溉，以补天然降雨的不足。要想通过灌溉保证农作物正常生长，获取稳产和高产，灌溉的工具就显得尤为重要。早在2000多年前，孔子在《论语·卫灵公》中就说："工欲善其事，必先利其器。"灌溉工具准备好了，灌溉工作才能够做好。随着科技的发展，传统灌溉将融入生物、计算机、电子信息、高分子材料、大数据、人工智能等一系列的高新技术知识，并在农业生产中起到更大的推动作用。

持 穗

《持穗图》

《持穗图》是耕目的第十七幅图，主要描绘了农民们手持"连枷"抽打稻穗，使其脱粒的情形。持穗能够将稻粒分离出来，以便进入下一个环节——舂碓，最终完成粮食入仓。纵观一粒米的一生，持穗中用连枷打稻子这一环节是稻穗上的稻粒能否成为一粒米的关键。同学们在人生中也会经历类似的过程：经过一系列的磨砺，脱离学校、家长，最终长大独立，成为真正的中华好少年。所以，同学们要从学习流传千百年的农业活动中，培养"千磨万击还坚劲，任尔东西南北风"的优良品质。

目标导引

1. 了解《御制耕织图》及其背后的故事，知道《持穗图》中连枷这一工具的概念和使用方法。掌握《持穗图》中的两首诗，知道"穗"字的来历和意味，能够通过诗句等来感受文字的美好。
2. 了解"穗"的历史及演变过程；了解连枷的样子，以及其在持穗活动中的作用。
3. 学习并尝试制作一个连枷小模型，感受古代劳动人民的智慧，体会劳动者的艰辛。

续表

阶段安排				
知				
学段	画	诗	字	书	刻
幼儿阶段	对《持穗图》进行感知与认识，简单识物。	正确诵读《持穗图》中的诗歌，理解百科插图版注释，理解诗意。	了解"穗"字的字形和基本义。	对书法进行感知与认识。	认识阴刻和阳刻。
1～2年级	对《持穗图》进行感知与认识，识物，学习风景画。	正确诵读《持穗图》中的诗歌，理解注释、诗意，进行画中寻活动。	了解"穗"字的字形演变及其基本义，从诗歌中了解历史。	学习握笔，认识书法家，对书法作品进行鉴赏。	认识阴刻和阳刻，了解盖章礼仪。
3～4年级	对《持穗图》进行感知与认识，识物，学习风景画和简单的人物画。	正确诵读《持穗图》中的诗歌，理解注释、诗意，进行画中寻、知时节等活动。	了解"穗"字的字形、字义演变及其基本义，从诗歌中了解历史。	学习握笔，认识书法家，对书法作品进行鉴赏，临摹简单字。	认识阴刻和阳刻，了解盖章礼仪，进行盖章实践。
5～6年级	对《持穗图》进行感知与认识，识物，学习风景画和简单的人物画。	正确诵读《持穗图》中的诗歌，理解注释、诗意，进行画中寻、知时节等活动。	学习形声字，了解字形、字义演变，了解基本义，从诗中了解历史。	学习握笔，认识书法家，对书法作品进行鉴赏，临摹简单字，了解书法理论。	认识阴刻和阳刻，了解盖章礼仪，进行盖章实践，鉴赏印章。

行	
幼儿阶段	了解霜降节气的基本知识，知道在农业生产中有持穗这一环节。
1～2年级	尝试从稻穗中将稻粒拣出来，明白连枷产生的原因。
3～4年级	画出连枷的结构图，了解其中原理。
5～6年级	学习并尝试制作一个连枷小模型，了解其中原理及其的使用方法。

课程实施
课时安排为4课时。 第1课时：课程导入，学习"画"和"诗"。 第2课时：结合第一课时讲解《持穗图》中的"字""书""刻"，带领学生了解连枷的使用。 第3课时：开展实践活动，指导学生按年级开展劳动课程活动。 第4课时：家、校、社三方整体推行，帮助孩子在学习中劳动，在劳动中学习。

课程评价		
知		
画	认真观察	认真、仔细观察古画中的人物、衣着、建筑以及劳动形式，整体感知古画所展现的古代劳动环境。
	整体感知	
	作品欣赏	
诗	诵读诗歌	能够借助注释理解诗意，从初步感知诗歌，到能够简单读通诗歌，再到完全理解诗中情感吟诵诗歌，从而体会诗人之意，诗人之感。
	理解诗意	
	体味内涵	
字	了解字义	对字体进行解构，探究字体的演变，正确理解字义，通过诗里乾坤感受古人对该字的深刻情感。
	理解字义	
	体味内涵	
书	了解特点	知道了解书法特点，并对《持穗图》的书法特点进行分析。
	品味欣赏	对康熙时期董其昌作品进行欣赏。
刻	认识阴阳刻	正确认识阴阳刻，并在《持穗图》中区分阴阳刻。
行		
分拣稻粒	通过分拣稻粒，明白古人发明连枷这一工具的原因。	
画连枷构造图	通过绘画明白其构造，便可以为以后高年级亲自动手制作打下基础。	
制作连枷模型	通过亲手手工制作，明白连枷的样子，并知道其使用方法。	

一、知

（一）画

大家都知道，在南方，主要以种植水稻为主，夏秋两季是水稻收获的季节。那有没有同学知道，农民在收割完水稻后，接下来需要干什么？

连枷

上图中这种工具叫作连枷，它是用于脱粒的农具，由一个长柄和一组平排的竹条或木板构成，用它来拍打谷物，可使籽粒掉下来。连枷运用在农民收割完水稻后，而这一行为被古人称为持穗，即俗称的"打稻子"。打谷场上，两排稻穗摊平在地，谷穗相对，稻梗朝外，农民持连枷抽打稻穗，使其脱粒。

使用连枷时，需将连枷把上下甩动，使连枷板旋转，拍打敲击晒场上的农作物。用连枷打麦（也有叫打场）大体分为铺场、打场、翻场、收场、簸场等环节。铺场就是把麦子均匀地铺在打麦场上，头对头、根对根，便于集中打麦头。铺场要厚薄均匀，太厚晒不透，打场时打不干净；太薄则会打坏麦粒。铺好后，等待太阳晒干就准备打场。

在《持穗图》的画面中，农民们聚在一起，一边聊着家常，一边使劲地挥舞着连枷打着稻穗。近处的鸡鸭在惬意地漫步，随时寻找食物；孩童愉快地在田间玩耍；家眷忙着准备晚饭，村庄笼罩在袅袅炊烟中。这样的画面，令人不禁想起宋代诗人宋祁诗中"压塍霜稻报丰年，镰响枷鸣野日天"的景象，也仿佛看到了宋代诗人范成大的《四时田园杂兴六十首·其四十四》中"新筑场泥镜面平，家家打稻趁霜晴。笑歌声里轻雷动，一夜连枷响到明"的场景。此时，我们是不是也想像古人一般，远离高楼大厦，行走在天地自然之间，使用古朴的工具，感受天人合一的意境之美呢？

在持穗这一活动中，工具连枷是必不可少的。那么我们来看一看连枷的发展过程。

连枷起源于我国，历史悠久。据《国语·齐语》记载，早在公元前七世纪，当时的齐国（在今山东半岛）首先使用连枷打麦。连枷那时称"枷"或称"拂"。

唐朝颜师古《汉书注》明确地说："拂音佛，以击治禾，今谓之连枷。"那么，从唐朝算起，这种打场的农具定名为"连枷"至少已有1200多年的历史了。

在宋仁宗庆历年间（1041—1048年），连枷竟"弃农从戎"，被用作兵器，出入沙场。那种打仗用的连枷叫"拂连枷"，枷是用铁打制而成，劈头打下，可以置敌于死地。但是，连枷"弃农从戎"的时间并不长，到了南宋，在火药用于战争后，连枷又由军队"退役"回到农村麦场上了。

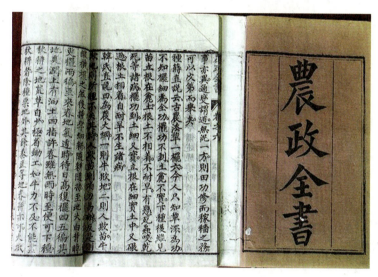

明代著名科学家徐光启所著《农政全书》对"连枷"进行了专门记述："（连枷）击禾器……其制——用木条四茎，以生革编之。长可三尺，阔可四寸。又有以独梃为之者，皆于长木柄头，造为擐（huàn）轴，举而转之，以扑禾也。"

如今，在大部分地区，农民们已经把手工脱粒工具换成了现代机械，如脱粒机等，但"连枷"在一些偏僻山区仍被使用着。

了解了连枷的历史后，接下来再在下图中找一找，看看还能发现什么。

下图中的人在做什么？

新造的场院地面平坦像镜子一样，家家户户趁着霜后的晴天打稻子。农民们一边挥舞连枷打稻子，一边欢笑歌唱着，场院内声音如轻雷鸣响，从夜里一直响到天亮。

下图中的房子有什么特点？

房子是茅草屋，这种茅草屋在古代主要是因地制宜，就地取材，而且比较容易建造。其中室内地面采用石灰墁地，平整密实，防潮效果好；墙壁在抹泥后经烧烤形成干燥坚硬的整体，也起到防潮作用；屋顶用茅草、树皮等覆盖，或用草泥涂抹。我国古人能够在当时用最原始的茅草、木料，搭建成一间间可以遮风挡雨的房屋，足见我们祖先在建筑上的智慧。

下图中人们的穿着有什么特点？

古代农民穿的衣服叫便服。汉服其实分便服、常服、礼服等种类，其中便服顾名思义就是舒适且便于劳作、活动的服饰。古时候普通百姓一般穿着的就是便服，搭配比较灵活多变，以便利为主，一般采用舒适的布料和素雅的染料制作，居家、出行、干活等都穿这一类衣服。

图中人们采用劳作形式有什么特点？

人与人要和谐相处，人与环境也要和谐共存。古代的农民正是秉持着这种天人合一的思想，集体进行农事活动，从而合作共生。

（二）诗

康熙赋诗

识文

声村遍呼天农未成来南
打听邻晓情老瞿庆亩
稻村里起霜　释瞿阜秋

吟诵

南亩秋来／庆阜成①，
瞿瞿②未释／老农情。
霜天晓起／呼邻里，
遍听村村／打稻声。

注释

① 阜成：使富厚安定。"六卿分职，各率其属，以倡九牧，阜成兆民。"（《书·周官》）
② 瞿瞿：谨慎的样子。

译文

　　秋天农田的丰收会使天下富厚安定，但老农们依旧很谨慎。霜降时天刚破晓就招呼邻里，不久村里便传来一片又一片的打稻声。

楼璹题咏

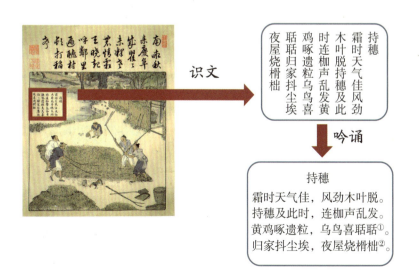

识文

夜聒鸡时木霜持
屋聒啄连叶时穗
烧　遗枷脱天
梧粒乌声持气
柏　鸟　穗佳
　抖喜发及风
　尘黄此劲

吟诵

持穗

霜时天气佳，风劲木叶脱。
持穗及此时，连枷声乱发。
黄鸡啄遗粒，乌鸟喜聒聒①。
归家抖尘埃，夜屋烧梧柏②。

① 聒聒：即蝈蝈。"又有一种，似蚱蜢而身肥大，京师人谓之聒聒，亦捕养之。南人谓之纺线娘。"（明 袁宏道《畜促织》）。

② 榾柮（gǔ duò）：木柴块，树根疙瘩。"衲衣线粗心似月，自把短锄锄榾柮。"（前蜀·贯休《深山逢老僧》）

译文

　　霜降时刻的天气都是很好的，此时风很大，树上的叶子全都被吹落了。此时农人们正在持穗，到处都是使用连枷的声音。田间的黄鸡在啄食着地上残留的米粒，枝头的乌鸦发出"聒聒"的声音。农人们忙完回到家中抖去身上的尘埃，在屋中开始烧木柴块。

霜降节气

　　诗中提到的是哪一个节气？请出判断的理由。

　　"霜时天气佳，风劲木叶脱。"该句提到风很大，树上的叶子都被吹落了，再结合持穗这一背景，可以判断是霜降节气。

　　霜降是二十四节气中的第十八个节气，也是秋季的最后一个节气，一般在每年公历的10月23日、24日交节。此时南北方气候有较大差异，比如江南、华南地区平均气温多在16℃左右，但昼夜温差变化较大；而北方部分地区温度已降到0℃以下，西北、东北的部分地区早已呈现出一派"寒风落叶"的初冬景象。

　　霜降分为三候：一候豺乃祭兽；二候草木黄落；三候蛰虫咸俯。此时豺这类动物开始捕获猎物过冬；树叶都枯黄掉落；冬眠的动物也藏在洞中不动不食，进入冬眠状态中。

　　霜降后降霜，稻谷打满仓。秋天的最后一个节气——霜降，带着清冷的气息款款而至。这是秋的落幕，亦为冬之伊始。

收稻谷

　　"寒露无青稻，霜降一时倒"，随着霜降节气的到来，很多农作物也开始进入抢收阶段了。俗话说："寒露到，割晚稻，霜降到，割糯稻。"这句话说此时正是收割稻谷的时候。南方的双季稻的晚稻和糯稻正在抢收，因为这个时候的稻谷已经进入蜡熟期，再不及时收割就容易减产了。

　　稻谷分早稻、中稻、晚稻，早稻收割时间是7月中下旬，中稻也就是所谓的一季稻在9月中旬收割，晚稻收割时间为10月中下旬。

赏菊

　　"霜降之时，唯此草盛茂""霜打菊花开"。因此，菊被古人视为"候时之草"，成为生命力的象征，还被认为是"延寿客""不老草"因此，赏菊成了霜降这一节令的雅事。

登高

在古时，霜降时节有登高远眺的习俗。登高可使肺的功能得到强健；另外，天高云淡，枫叶尽染，登高远眺，赏心悦目，这对心、身都是一种极大的愉悦与放松。

吃柿子

在我国的一些地方，霜降时节要吃红柿子。在当地人看来，柿子不但可以御寒保暖，还能补筋骨，是非常不错的霜降食品。柿子一般是在霜降前后完全成熟，这时候的柿子皮薄、肉鲜、味美，营养价值高。

吃牛肉

霜降时节，古时不少地方都有吃牛肉的习俗。例如广西玉林，这里的居民习惯在霜降这天，早餐吃牛肉炒粉，午餐或晚餐吃牛肉炒萝卜，或是牛腩煲之类的菜肴来补充能量，祈求在冬天里身体暖和强健。除牛肉外，羊肉与兔肉也与霜降相宜。

吃鸭子

闽南民间在霜降这一天，要进食补品，也就是北方常说的"贴秋膘"。在闽南有一句谚语："一年补通通，不如补霜降。"鸭可谓是餐桌上的上乘肴馔，也是人们进补的优良食品。

祛凶、扫墓

霜降是秋天最后一个节气，因此，人们对其非常重视，各地有祛凶、扫墓等习俗，以祈求风调雨顺，生活幸福安康。

（三）字

穗（sui）

| 甲骨文 | 金文 | 篆书 | 篆书 | 楷书 |

"穗"是一个形声字，形旁为"禾"，表示这个字的本义与谷类作物有关；"惠"作声旁，表示读音。"惠"的古音与"穗"声母有别。《说文解字》"穗"作"采"，异体作"穗"。

本义是稻等谷物成熟后聚生在茎干顶端的花或果实，引申指与其形状相似的装饰物，又引申作量词，用于农作物的果实。

诗里乾坤

农夫既不异，孤穗将安归。

——唐·李白《感兴六首其六》

故畦遗穗已荡尽，天寒岁暮波涛中。

——唐·杜甫《白凫行》

麦穗人许长，谷苗牛可没。

——宋·苏轼《和赵郎中捕蝗见寄次韵》

膏雨抽苗足，凉风吐穗初。
——唐·白居易《太和戊申岁大有年诏赐百寮出城观稼谨书盛事以俟（sì）采诗》

（四）书

康熙、雍正年间，董其昌的书法盛极一时。康熙帝尤其喜爱董其昌的书法，经常临仿董其昌的书法作品。康熙帝的书法作品有很多都是临仿董其昌的。一时之间，不仅康熙帝学于董书，民间书法家也纷纷临摹董书。

时值康熙治下，天下太平，人心日趋平静，书风受社会环境影响，自然也有所收敛，变得严正规矩。

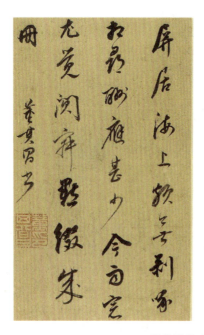

董其昌书法、绘画作品

（五）刻

中华民族上下五千年历史给当代人留下了宏大的文化宝藏，而印章文化则是其中不得不提的部分。印章以其微小的方寸天地，寥寥数字的印文内容，纵横曲直的线条组合，令人味之无极，神驰不已。

阴刻　　阳刻

二、行

知行合一，缺一不可。我们将继续从"行"中进一步了解持穗，体会古代劳动人民的智慧。

任务一　分拣稻粒

材料准备：稻穗若干。
适用年级：1～2年级。

活动方式：组织一个小游戏，看谁可以快速地将稻粒剥下来。游戏结束后，同学们说一说剥稻粒的感受。

通过这一活动，同学们能够直观感受到稻粒不好剥，直接用手剥容易伤到手，而且速度很慢。所以，古人才发明了连枷这一工具，这体现了我国古代劳动人民的智慧。

任务二　画连枷构造图

材料准备：水彩笔、A4纸。
适用年级：3～4年级
画出连枷的构造图，并说一说连枷是什么样子的。

连枷是由一个长柄和一组平排的竹条或木板构成，用来拍打谷物，使籽粒掉下来。明白了其构造，还可为高年级学生亲自动手制作连枷打下基础。

请同学们将自己眼中的连枷画在方框内。

任务三　制作连枷模型

材料准备：木条、木片、胶水。

适用年级：5～6年级学生。

连枷的制作步骤

连枷由手杆和敲杆构成。

第一步：制作手杆。手杆多用约2米长的竹竿制成，将一端尺许处用火烤软后劈去一半，再将留下的一半折弯与手杆平即为柄，称"连枷把"。（此步骤请在家长的协助下完成）

第二步：制作敲杆。用约1米长的木质较硬的细木棍或木竹棍5～6根平列并排，用牛皮筋或竹篾或藤条编织连接如板，上端木棍或竹棍用火烤软，旋扭回头，中加一短梗木轴即为敲杆，俗称"连枷拍"。

第三步：将连枷拍的轴套在连枷把折弯处，即成可使用的完整连枷。

连枷制作的注意事项

第一，连枷的制作需要技巧，先是连轴，需要转动灵活，于是人们用铁杆连接轴部，还会使用润滑油。

第二，敲杆（敲枷）既不能长，也不能短；既不能轻也不能重；既不能太宽也不能太窄。因为太长不利于旋转，太短难以达到效果；太轻不能使得谷物脱粒，太重过于浪费体力；太宽比较笨拙，太窄受力面窄，容易把果实砸碎。不同的人要根据自己的身高使用不同轻重大小的连枷。

第三，主杆需要有一定的弯度，避免敲杆下来时挫伤手臂，因而制作连枷需要根据使用人的情况而量身制作。

连枷的使用技巧

连枷看起来构造简单，但制作和使用却需要技巧，没有使用过的人很难体会。使用时，操作者将连枷把上下甩动，使连枷拍旋转，拍打敲击晒场上的稻穗或豆荚，使之脱粒。

三、评价与提升

知

评价项目		自评	同伴评	师评	家长评
诗	诵读诗歌	☆☆☆☆☆	☆☆☆☆☆	☆☆☆☆☆	☆☆☆☆☆
	理解诗意	☆☆☆☆☆	☆☆☆☆☆	☆☆☆☆☆	☆☆☆☆☆
	体味内涵	☆☆☆☆☆	☆☆☆☆☆	☆☆☆☆☆	☆☆☆☆☆
字	了解字体	☆☆☆☆☆	☆☆☆☆☆	☆☆☆☆☆	☆☆☆☆☆
	理解字义	☆☆☆☆☆	☆☆☆☆☆	☆☆☆☆☆	☆☆☆☆☆
	体味内涵	☆☆☆☆☆	☆☆☆☆☆	☆☆☆☆☆	☆☆☆☆☆
书	了解特点	☆☆☆☆☆	☆☆☆☆☆	☆☆☆☆☆	☆☆☆☆☆
	临摹字体	☆☆☆☆☆	☆☆☆☆☆	☆☆☆☆☆	☆☆☆☆☆
	品味欣赏	☆☆☆☆☆	☆☆☆☆☆	☆☆☆☆☆	☆☆☆☆☆
画	认真观察	☆☆☆☆☆	☆☆☆☆☆	☆☆☆☆☆	☆☆☆☆☆
	整体感知	☆☆☆☆☆	☆☆☆☆☆	☆☆☆☆☆	☆☆☆☆☆
	作品欣赏	☆☆☆☆☆	☆☆☆☆☆	☆☆☆☆☆	☆☆☆☆☆
刻	认识阴阳刻	☆☆☆☆☆	☆☆☆☆☆	☆☆☆☆☆	☆☆☆☆☆

行

评价项目	自评	同伴评	师评	家长评
分拣稻粒	☆☆☆☆☆	☆☆☆☆☆	☆☆☆☆☆	☆☆☆☆☆
画连枷结构图	☆☆☆☆☆	☆☆☆☆☆	☆☆☆☆☆	☆☆☆☆☆
制作连枷模型	☆☆☆☆☆	☆☆☆☆☆	☆☆☆☆☆	☆☆☆☆☆

四、思考与总结

1. 你从《持穗图》中学到了什么？

2. 你能把在这一章学到的知识总结出来并讲给家人吗？

3. 你还想研究什么？

通过对《持穗图》"知"和"行"两方面的学习与实践，学生在学习古籍、了解中华传统农耕文明的基础上，提高了劳动能力，逐步树立起热爱劳动、崇尚劳动、尊重劳动的精神，并磨炼了"千磨万击还坚劲，任尔东西南北风"的优良品质。

舂 碓

《舂碓图》

《舂碓图》是《御制耕织图》耕目的第十八幅图，主要描绘了为使稻谷脱离稻穗，借助杵臼等工具进一步加工作物的情景。从舂碓起，谷物正式进入精细加工阶段，经过后续的筛、簸扬、砻等环节，最终完成粮食的入仓。通过击打去除谷物外皮这一操作过程看似简单，但是舂碓工具所蕴含的智慧却非常深远，在我们的生活中至今依旧保留着这些技术的"身影"。

目标导引

1. 了解《御制耕织图》指导古代农业劳动生产的作用。知道《舂碓图》的内容、概念和意义，能够通过图中所展示的工具和相关原理，结合诗、注学习古代农业劳动的知识。
2. 初步认识古代农业生产劳动的工具，了解使用舂碓脱粒的劳动过程。
3. 能够将学到的与舂碓相关的知识及所受到的启发等，运用到自己平时的学习和生活中去。
4. 体会劳动者的艰辛，提高对农业劳动的关注，培养能劳动、会劳动、爱劳动的优秀品质与传统美德。能够在劳动中发现美、培育美、创造美。

续表

阶段安排				
知				
学段	画	诗	字	书	刻
幼儿阶段	通过《春碓图》初步认识杵臼和碓。	能够朗读《春碓图》中的诗歌。	初步了解字形、字义。	初步认识不同书法字体。	通过图片认识阴刻和阳刻。
1～2年级	通过《春碓图》简单认识杵臼和碓这类工具。	朗读《春碓图》中的诗歌，了解诗词大意。	学习掌握字形、字义。	认识不同书法字体。	通过图片认识阴刻和阳刻。
3～4年级	通过《春碓图》了解杵臼和碓这类工具。	朗读《春碓图》中的诗歌，记诵学习名句，借助注释理解诗意。	字形、演变、字义，从诗中了解有关历史。	认识不同书法字体，拓展学习（少数民族的字形）对书法作品进行鉴赏。	通过图片认识阴刻和阳刻，了解基本刻法。
5～6年级	通过《春碓图》深入了解杵臼和碓这类工具，能够进一步分析画中的内容。	朗读《春碓图》中的诗歌，记诵名句，借助注释用较为通顺优美的语言翻译大意。	字形、演变、字义，从诗中了解有关历史，拓展学习《天工开物》中的有关知识）。	认识不同书法字体，了解不同字体的区别，对书法作品进行鉴赏。	通过图片认识阴刻和阳刻，能准确区分阴刻和阳刻，深入了解刻法。

行	
幼儿阶段	认识不同的杵臼与碓。
1～2年级	认识不同的杵臼与碓，手工制作简易踏碓模型。
3～4年级	手工制作简易踏碓模型，了解其中原理。
5～6年级	手工制作简易踏碓模型，了解其中原理，探索博物馆相关农具知识。

课程实施

计划分为3课时。
第1课时：导入、讲解"知"中的"画""诗"两部分内容。
第2课时：结合第1课时讲解"字""书""刻"部分的内容，并做好"行"的课程导入，为第3课时做准备。
第3课时：完成"行"的教学，指导学生开展有关活动，并对本课时进行总结。

续表

课程评价		
知		
评价项目		评价标准
画	认真观察	通过画深入了解杵臼和碓这类工具。
	感知体会	将绘画与自然相融合，探究各种问题。
诗	诵读诗歌	流利朗读、记诵名句。
	理解诗意	能大体把握诗意，想象诗歌描述的劳动场景。
	体会内涵	感受谷物初步去皮时劳动人民的辛勤。
字	了解字形	了解字形，体会舂字演变过程。
	理解字义	把握字义，建立汉字形、音、义之间的联系
	体会内涵	感受汉字的文化内涵，从字中品读历史。
刻	了解阴刻、阳刻	了解有关阴刻、阳刻的知识，提高审美意识。
书	感受特点	认识不同书法字体，了解不同字体区别。
	品鉴欣赏	能够对书法作品进行鉴赏，在书写中体会汉字的优美。
行		
制作连机水碓模型		通过动手实践的方式完成深入了解水碓的结构特点和工作方式。
农具知多少		积极参与找寻舂碓农具活动，能发现展览中和生活中的舂碓用具。

一、知

在我们的生活中，米饭是餐桌上的重要"角色"。香喷喷的米饭是由大米做成的，而大米则是从水稻中来的。

那么，古人是怎样把金黄的稻谷变成洁白的米粒的呢？

（一）画

《舂碓图》描绘的是用杵臼、踏碓脱粒的场面。

杵臼是原始的脱粒工具，使用方法简单，将谷物置于臼中，然后垂直手握杵柄，利用臂力上下提放，置杵头于臼槽内，便可实现对谷物的加工，操作简单，使用灵便。

《周易·系辞》云："神农氏作……断木为杵、掘地为臼。"臼为圆桶形，大者可双人同时使用，小者一人使用。《舂碓图》中木臼较大，为两人使用，一人正持杵舂谷，杵的上端还有一个圆形重物，借以增大杵对谷物的冲击力。

杵臼中，杵多为木质、石质，臼以石臼为主，兼有木臼、铜臼、陶臼、铁臼等。浙江河姆渡遗址、吴兴钱山漾、水田畈有木杵，杭州老和山有石杵，浙江桐乡罗家角遗址有残

《舂碓图》

石臼，浙江萧山跨湖桥遗址有多件木质杵形器。这些杵臼大多形制质朴，反映出当时农业加工工具尚处于粗放时期。不同时期的耕织图摹本记载了当时所流行使用的杵臼形制，如元代是手持木杵，而清代的木杵则在杵上巧妙地加装了石头增重。

《舂碓图》中的碓是什么样的？

图中除了有木杵和木臼，还有较为省力的脚踏碓。

其实，踏碓就是一种变相的杵臼，杵安装上了横柄，由手舂改为脚舂，杵臼即变为了踏碓。碓，创始于秦汉时期，最迟不晚于西汉前期。它的创制核心在于以木杠安装碓头的样式代替了原来的杵，并以脚踏木杠的杠杆原理和物体平衡原理的应用，取代了上肢手臂的劳动，从而达到了既省力又省时的劳动效果。所以元代农学家王祯说踏碓是"杵臼之一变也"。

东汉画像砖拓片《脚踏古碓舂米图》

下图中有一人手握支架，右脚踏于碓杆的一端，碓杆的另一端为碓头，碓头下面有臼坑，画面后部有踏碓的图像。

前文楼璹诗曰："更需水转轮，地碓劳蹴踏。"说明除踏碓外还有水碓，水碓在汉代已有，但并未得到推广，《春碓图》中也没有画出水碓，但从诗中可知，楼璹希望能使用水力脱壳工具来提高生产效率。

现代复原汉代"水碓"模型

《天工开物》中的水碓图

水碓是利用水力春米的机械，使用主要在山地，万历《绍兴府志》记载："诸暨、嵊山家多有之，籍水之力以春，有三制，平流则以轮鼓水转，峻流则以水注轮而转，又有木杓碓，碓干之末，刳为杓，以注水，水满则倾，而碓春之。"

《天工开物·粹精》："凡水碓，山国之人居河滨者之所为也。攻稻之法省人力十倍，人乐为之。引水成功，即筒车灌田同一制度也。设臼多寡不一。值流水少而地窄者，或两三臼。流水洪而地室宽者，即并列十臼无忧也。"

水碓的动力机械是一个很大的立式水轮，轮上装有若干板叶，转轴上装有一些彼此错开的拨板，拨板是用来拨动碓杆的。每个碓用柱子架起一根木杆，杆的一端装一块圆锥形石头，下面的石臼里放上准备加工的稻谷。

流水冲击水轮使它转动，轴上的拨板拨动碓杆的梢，在水力的驱动下，立轮带动转轴一起运转，如此便会引发拨片下压碓杆，导致碓头抬起；待拨片转过之后，受重力的影响，碓头便会自动落入臼内，如此便可实现谷物的加工。利用水碓，可以日夜加工粮食。

凡在溪流江河的岸边都可以设置水碓，还可根据水势大小设置多个水碓，设置两个以上的叫作连机碓，最常用的是设置四个碓。由于拨片是按一定角度有序排列，便不会对转轴造成太大的压力，提高谷物加工的效率便可见一斑了。

连机水碓模型

这种利用水力来磨春谷物的机械，它"激水转轮，头一节转磨成面，二节运碓成米，三节引水灌于稻田"，具备了动力机、传动机和工具机三个部分，已经具有近代机器的雏形了。

接下来，请猜一猜下面两幅图中的人在做什么。

由于古代生产效率较低，农民们会集体进行农事活动。上面两幅图中这几个人是在一起辅助春碓，帮忙搬运未春碓的稻谷。

 拓展知识

至秦汉时期，碓的发展出现了三次飞跃。

第一次飞跃	第二次飞跃	第三次飞跃
主要是利用杠杆原理发明踏碓，即杠杆一头安装杵头，另一头用脚踏，借助人的重力将杵杆踏起，然后松脚，杵杆下落舂米。	出现了畜力碓和水碓。古人对碓动力方式进行探索，逐步利用自然力（畜力和水能）来取代人力，进一步实现操作上的自动化。	由水碓发展到连机水碓。宋代高承《事物纪原》记载："晋杜预作连机之碓，借水转之"。

（二）诗

康熙赋诗

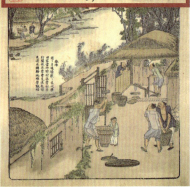

 识文

时　火　家　如　舍　短　相　吹　屋　秋
夜　家　和　春　比　篱　依　杵　晚　林
深　篝　苔　声　　　　近　白　风　茅

吟诵

秋林茅屋晚风吹，杵臼①相依近短篱。
比舍②春声如和苔（dá），家家篝火③夜深时。

注释

① 杵臼：杵，一头粗一头细的圆木棒，也有用石头做成锥形，上面有孔安装木把，用来捣臼里的稻谷。臼，臼米的器具，用石头制成，中部凹下。

② 比舍：近邻。

③ 篝火：在空旷处架木柴燃烧，用以照明取暖。

简析

　　秋林旁边的茅屋晚风吹动，杵臼紧紧靠近低矮的篱障。邻里的春米声一答一和，已到深夜篝火还照得通明。

　　春碓是稻米加工的第一道工序。即首先去掉稻谷粒的硬壳，制成为糙米。糙米外部有一层种皮，也叫米糠，碾或捣将其去掉，这时的米粒才成为食用精米。古代稻米加工工具简单，比较费力。

楼璹题咏

识文

春碓
娟娟月过墙籁籁风吹叶
田家当此时村春响相答
行闻炊玉香会见流匙滑
更须水转轮地碓劳蹴蹋

吟诵

春碓

娟娟月过墙，籁籁（sù）风吹叶。
田家当此时，村春响相答。
行闻炊玉①香，会见流匙②滑。
更须水转轮，地碓劳蹴（cù）蹋（tà）。

注释

① 炊玉：以昂贵如玉的米、粟做饭，形容物价高、生活困难或饭食珍贵。
② 流匙：古代舀食物的器具。
③ 蹴蹋：亦作"蹵蹋"，踢、踏。

译文

　　皎洁的月光照过墙头，风吹过叶子发出籁籁的声音。田家在此时是这样的：村中春捣的声音互相应答着，走在村中可闻到米饭飘香，还能看到用汤匙舀起的饭菜。更觉得需要加把劲用水碓来劳作，蹴踏地碓卖力操劳。

（三）字

"舂"是象形字。甲骨文上部为两只手，中间竖线表示杵，下部像臼之形，两点代表米，表示双手持杵在石臼中捣插。金文字形变化不大，小篆则直接从金文变来，隶变后楷书写作"舂"。

舂（chōng）

| 甲骨文 | 金文 | 小篆 | 楷书 |

《说文·臼部》："舂，捣粟也。从廾持杵临臼上。午，杵省也。古者雍父初作舂。"舂，舂捣粟米一类物。由"廾"（双手）持握着"午"在"臼"上会意，像一个人在石臼上方手持杵棒。午，是"杵"的省略。据说古时的雍父最早发明了舂捣技术。"舂"的本义是指捣去谷物外皮的动作。组词：舂捣、舂谷、舂粟、舂米。

诗里乾坤

舂谷持作饭，采葵持作羹。

——汉乐府诗《十五从军征》

农夫舂旧谷，蚕妾捣新衣。

——唐·白居易《春村》

何处水边碓，夜舂云母声。

——唐·白居易《山下宿》

甑炊地碓新舂米，衣拆天吴旧绣图。

——宋·陆游《归耕》

自从杵臼深藏后，采楮舂桑事已更。

——宋·阮阅《蔡伦宅》

家家松火畔，舂米未曾休。

——明·郑刚中《元旦·正月烧灯夜》

拓展知识

《天工开物·粹精》："凡稻去壳用砻，去膜用舂、用碾。然水碓主舂，则兼并砻功。""凡稻米既筛之后，入臼而舂，臼亦两种。八口以上之家堀（kū）地藏石臼其上，臼量大者容五斗，小者半之。横木穿插碓头，（碓嘴冶铁为之，用醋淬合上。）足踏其末而舂之。不及则粗，太过则粉，精粮从此出焉。晨炊无多者，断木为手杵，其臼或木或石以受舂也。既舂以后，皮膜成粉，名曰细糠，以供犬豕之豢。荒歉之岁，人亦可食也。细糠随风扇播扬分去，则膜尘净尽而粹精见矣。"

以上说明，舂碓这一方法可以有效地对稻谷进行精细加工。水碓的功能多样，是非常有效率的舂碓工具。

寒露节气

寒露时节，昼渐短，夜渐长，日照减少，热气慢慢退去，寒气渐生，昼夜的温差较大，晨晚略感丝丝寒意。

北方的东北、西北地区已进入或即将进入冬季，南方秋意渐浓，气爽风凉，少雨干燥，但易出现气温低、风力大的寒露风天气。这种天气会给双季晚稻带来很大的危害。华南地区可能会出现一种灾害性天气——连阴雨，其特点为湿度大、云量多、日照少、阴天多，雾日亦自此显著增加，直接影响"三秋"（秋收、秋耕、秋种）的进度与质量。因此，要利用好天气预报，抢晴天收获和播种。

寒露节气谚语

十月寒露接霜降，秋收秋种冬活忙，晚稻脱粒棉翻晒，精收细打妥收藏。

十月寒露霜降临，稻香千里逐片黄，冬种计划积肥足，添修工具稻登场。

（四）刻

在右图这三枚印章中，两枚是阴刻，一枚是阳刻。

阳刻指凸形状，是将笔画显示平面物体之上的立体线条，

阴刻指凹形状，是将笔画显示平面物体之下的立体线条。

请课后从网上搜集一些印章图样，并判断其刻法。

（五）书

在《御制耕织图》中，康熙赋诗为行书，楼璹题咏为楷书。

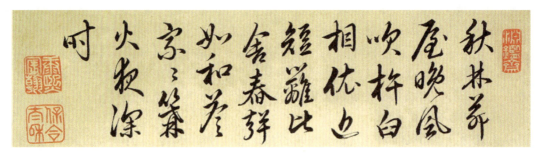

行书

楷书

		书体来源	呈现效果	线条表现	运笔方法	章法结构
楷书	春	由隶书逐渐演变而来，是我国发展时间最长的一种书体。	字体端正，笔画平直，楷书的笔画均衡、平安、工整，本身要求坚劲有力度感。	线条相对简单，基本笔画点、横、竖、撇、捺、横平竖直撇捺斜，方正规整。	运笔的笔画与笔画之间几乎没有连带关系，书写时起、提、按、转、收干净利落。	章法和谐，结构严谨，字体风格统一，字体大小相同。讲究分布均匀、主次有序、轻重平衡等。
行书	春	介于楷书和草书之间的书体，为了弥补楷书和草书的不足而产生，是最常用和最实用的书体。	笔画千变万化、粗细不一、长短不同。行书除了要求笔画有质感，坚韧遒劲。	线条曲直兼备，且以曲线为主，追求线条的多姿多态，使之流畅、灵动。	笔画可以随意相连，书写时可以连写带拖，有的笔画可能会一笔带过或省略。	字体风格各异，大小不同，形态千差万别，笔画可以自由、随意摆放。

二、行

任务一 **分析水碓结构**

水碓模型

观察上图，思考、分析水碓是由哪些部分组成的。

水碓的动力机械是一个大的立式水轮，轮上装有若干板叶，转轴上装有一些彼此错开的拨板，拨板是用来拨动碓杆的。每个碓用柱子架起一根木杆，杆的一端装一块圆锥形石头，下面的石臼里放上准备加工的稻谷。

请根据水碓的结构和原理设计水碓模型，并将设计图画下来。

水碓模型设计图

任务二 农具知多少

　　除了连机水碓，我国古代还有很多设计巧妙的传统农具，无不凝聚着古人的智慧。我国的传统农具经过不断地丰富和发展，在材质上，由木石发展为青铜，再发展为铁制。在功能上，从原始的掘挖、脱粒，发展为整地、播种、中耕、灌溉、收获、加工及收藏等多种农具。在动力上，由人力发展为畜力、水力，由简单发展为复杂。

　　请从下图的加工工具中找出舂碓工具。

磨	砻	木臼、木臼棒
石磨	木杵	擦床
簸	笭、笭架	小石臼
大木臼	大石臼	碾

三、评价与提升

知

	评价项目	自评	同伴评	师评	家长评
诗	诵读诗歌	☆☆☆☆☆	☆☆☆☆☆	☆☆☆☆☆	☆☆☆☆☆
	理解诗意	☆☆☆☆☆	☆☆☆☆☆	☆☆☆☆☆	☆☆☆☆☆
	体会内涵	☆☆☆☆☆	☆☆☆☆☆	☆☆☆☆☆	☆☆☆☆☆
字	了解字形	☆☆☆☆☆	☆☆☆☆☆	☆☆☆☆☆	☆☆☆☆☆
	理解字义	☆☆☆☆☆	☆☆☆☆☆	☆☆☆☆☆	☆☆☆☆☆
	体会内涵	☆☆☆☆☆	☆☆☆☆☆	☆☆☆☆☆	☆☆☆☆☆
画	认真观察	☆☆☆☆☆	☆☆☆☆☆	☆☆☆☆☆	☆☆☆☆☆
	感知体会	☆☆☆☆☆	☆☆☆☆☆	☆☆☆☆☆	☆☆☆☆☆
刻	了解阴刻和阳刻	☆☆☆☆☆	☆☆☆☆☆	☆☆☆☆☆	☆☆☆☆☆
书	了解不同书法的特点	☆☆☆☆☆	☆☆☆☆☆	☆☆☆☆☆	☆☆☆☆☆
	品鉴欣赏	☆☆☆☆☆	☆☆☆☆☆	☆☆☆☆☆	☆☆☆☆☆

行

评价项目	自评	同伴评	师评	家长评
制作连机水碓模型	☆☆☆☆☆	☆☆☆☆☆	☆☆☆☆☆	☆☆☆☆☆
农具知多少	☆☆☆☆☆	☆☆☆☆☆	☆☆☆☆☆	☆☆☆☆☆

四、思考与总结

在学习了《春碓图》的相关知识，并且完成了实践任务后，学生对于我国南方传统农业中的加工环节有了更深刻的认知和理解。而从《御制耕织图》中，学生不仅可以学到有关的劳动知识和劳动技能，还可体会"天之道，不争而善胜"的中华传统哲学智慧。

人类在历史的长河中逐渐学会制作工具、使用工具。在《春碓图》中，展示了中国古人将碓最终进化为可以建立在水旁的高效连机水碓，在寒露到霜降之间，倚靠天时进行加工，这正是顺应自然、借助自然之力的中华智慧的体现，给我们带来无限启迪。

杵臼之交的故事

东汉时期，有一个穷苦好学的读书人，名叫公沙穆。公沙穆经过一段时间的刻苦读书，逐渐学有所成，但是他总认为自己所学有限，想进入京城的太学继续深造学习。可是，公沙穆家中穷困，承担不起他入太学学习的费用。于是，他来到一位叫吴佑的富人家做舂米工人。

有一天，吴佑经过后院，看到这舂米的小工举止斯文有礼，根本不像做粗工的人，便走过去和他攀谈起来。

言谈中，吴佑发现公沙穆果然是一位读书人，而且学识渊博、满腹经纶，对事物很有自己的见解。

吴佑和公沙穆志趣相投，也欣赏他一心求学的志向，于是不顾彼此贫富悬殊，和他在杵臼前成为朋友。

在封建社会，贫富悬殊，等级森严，一个富豪能够屈尊降贵与一个穷苦读书人交朋友，是件难得之事，因此，被传为一段佳话。舂米的杵臼成就了这段友谊，所以后人便将他们的友情称作"杵臼之交"。

筛

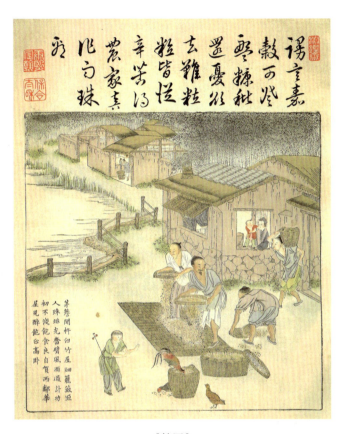

《筛图》

　　《筛图》是《御制耕织图》耕目的第十九幅图。农夫、农妇、儿童一起出现在画面中，画中并未出现枯燥的技术指导，而是描绘了民众相互配合尽心筛谷劳动的热闹场景。画面开阔，构图巧妙，人物动作自然，生动地表现出丰收的快乐与喜悦。"筛"是一个重要的粮食加工过程，不仅体现着劳动人民"求精"的工匠精神，还蕴涵着"取精用弘"的文化意蕴。

目标导引

1.了解《御制耕织图》中《筛图》的内容（画、诗、字、书、刻）；能够通过画中内容链接粮食生产加工工序，明白"筛"这一行为是粮食加工中的重要环节，体会其中蕴涵的"求精"的工匠精神和"取精用弘"的文化意蕴。

2.了解筛谷工具的使用和发展；感受科技进步背景下农民劳动方式的改变。

3.通过本课的学习，学生能够由知入行，联系生活实际，运用学到的劳动技能解决生活中的需求和问题。

4.理解"筛具"背后体现的劳动人民的智慧；体会劳动的快乐和劳动带来的成就感；培养能劳动、会劳动、爱劳动的优秀品质与传统美德。

续表

阶段目标				
知				
年段	画	诗	字	书	刻
幼儿阶段	能对《筛图》的人物行为和物品进行简单识别。	能诵读《筛图》中的诗歌，理解大意。	知道"筛"字的基本意思，能用动作表示。	对书法初步感知与认识。	通过图片资料了解阴刻和阳刻。
1～2年级	对《筛图》有初步的认识和了解，通过图认识筛谷工具。	能诵读《筛图》中的诗歌，了解诗文大意。	认识"筛"字，能够正确书写。	了解我国书法中的五大常见字体。	通过图片资料认识阴刻和阳刻。
3～4年级	能对《筛图》进行整体感知和局部观察，说出其中人物的行为和劳动工具，感受劳动氛围。	能流利地诵读《筛图》中的诗歌，搜集其他与筛相关的诗句。	知道"筛"字的演变和基本字义，能够正确书写。	学习不同字体的特点，欣赏不同书法字体的代表作，能临摹简单字。	能结合图片资料识别《筛》画中刻章的阴刻和阳刻。
5～6年级	通过欣赏法国作品《筛麦的妇女》，对比感受劳动人民的辛勤，体悟劳动的乐趣。	能用贴切优美的语言说出诗文大意，能结合注释理解不同诗句中"筛"的意思。	能清楚地说出"筛"字的演变过程；知道"筛"字的本义和常见引申义。	学习"筛"字不同字体的写法；通过欣赏、临摹，切实体会不同字体的特点。	能通过查阅资料知道《筛图》中印章里的具体内容和背景。

行	
幼儿阶段	知道"筛"这种劳动行为，能用工具完成简单的劳动任务。
1～2年级	知道"筛具"的作用；能根据不同的劳动需求选择不同的筛子；能使用简单的筛具完成劳动任务。
3～4年级	能借助示意图，选择生活中的常见工具制作简易的筛子。能用文字、图片或视频记录操作步骤，展示劳动成果。
5～6年级	借助拓展资料和示意图了解我国的传统农具，体会劳动人民的智慧和工匠精神。

课程实施

计划分为6课时。

第1课时：局部观察《筛图》中的人物、工具等，链接相关学科，拓展劳动技能知识，引导学生明确"筛具"的发展。

第2课时：整体讲解农作物生产加工过程，使学生明确"筛"这一行为的重要作用及其"取精用弘"的思想意蕴，引出对《筛图》的观察；融入二十四节气的相关内容；完成"诗"部分的解读。

第3课时：由《筛图》导入，讲解"字""书"两部分，学生在课堂上完成字体临摹和作品欣赏；进一步欣赏《筛图》，感知整体氛围；简单讲解"刻"的内容，并做好"行"的导入。

第4课时：根据学生的不同学段为其选择合适的任务。例如，幼儿阶段可以在认识工具的基础上完成筛选红豆的任务；1～2年级学生可以一起去基地完成"筛扬玉米"的任务；3～6年级学生可以在"筛扬玉米"之余，利用常见工具自制筛子。

第5课时：根据各学段学生的不同进度安排，家、校、社联合开展中国农业博物馆研学活动。

第6课时：学生展示完成任务的过程或汇报研学成果，教师适时总结升华。

续表

课程评价		
知		
诗	诵读诗歌	
	理解诗意	
	体味内涵	
字	认识字形	
	理解字义	
	正确书写	
书	了解字体	
	临摹字体	
	品味欣赏	
画	整体感知	
	局部观察	
	对比体会	
刻	了解刻法	
	识别刻法	
行		
选择合适筛子快速分开红豆和绿豆	参与积极：积极选择合适的筛子完成任务。	
	工具合适：能根据任务选择合适的工具。	
	动作规范：筛谷动作正确、规范。	
	节约意识：具有爱惜粮食、勤俭节约的好品质。	
选择合适的工具筛扬玉米粒	参与积极：积极选择合适的筛子筛扬玉米粒。	
	工具合适：能根据任务选择合适的工具。	
	动作规范：筛谷动作正确规范。	
	过程清晰：能用自己喜爱的方式清晰地记录，呈现筛扬玉米粒的过程。	
	筛扬成果：筛扬后的玉米粒干净无杂物。	
用常见的工具制作简易筛子	参与积极：积极参与简易筛子制作活动。	
	过程清晰：能用自己喜爱的方式清晰地记录、呈现制作筛子的过程。	
	成果美观：制作出的筛子外形美观。	
	成果实用：制作出的筛子具有很好的实用性。	
行走——中国农业博物馆研学活动	参与积极：积极参与中国农业博物馆研学活动。	
	研学过程：能根据提示自主开展研学活动，探寻更多传统农具。	
	图文并茂：通过图文搭配等方式做好活动记录。	

一、知

你能说出下面这些食物的名称吗？

这些都是生活中常见的食物，在超市里很容易买到，但我们通常看不到它们的加工过程。你们知道粮食从收获到加工成人们餐桌上的食物，这个过程需要多少工序吗？

脱粒	筛谷	扬谷	去壳	去碎米
提纯	包装	入库	存储	销售

上图告诉我们，原来稻谷在收获后还要经历这么多环节才能变成干净、洁白的大米。

（一）画

《筛图》描绘的是农作物脱粒后人们借助工具手动筛谷的劳动过程。我们知道，"筛选"就是从同类事物中去除不要的，保留需要的，所以农民筛谷是为了将同为颗粒状的东西里的谷粒分离出来，把灰土杂质筛除掉。

下面这几幅图中有哪些人物？他们分别在做什么？

下图中的人使用了哪些劳作工具？你能猜到这些工具怎么用吗？尝试模拟其动作。

竹筛：民间称为竹筛子，用来筛选不同直径的物质颗粒，主要用于粮食筛选加工。

团筛：团筛是不漏物的，但也可以用来挑选粮食中的石子杂质。把粮食倒进团筛，双手端起团筛，往一个方向甩动，粮食中的杂质就会聚焦在中间的位置。

晒垫：比一般的竹席略小一些，主要用来晒稻谷一类的东西。每年秋天收割的时候，粮食干得不是很透，就可以将粮食放在晒垫上进行晾晒。

簸箕：是用藤条或去皮的柳条、竹篾编成的扬米去糠的器具。也可用来晾晒粮食。

　　先摆好大簸箕，然后拿出米筛子，把米倒在里面，双手端着一推一拉，筛子便均匀地往一个方向呈现小弧度转动。用簸箕接着漏下的碎米和碎谷壳，较为完整的米粒在筛子的转动下逐渐聚集在米的上层，把它们一一撇出来，一筛米便筛好了。

拓展知识

取精用弘

取精用弘：享用多而精，即从大量材料中选取精华并充分加以运用。出自《左传·昭公七年》："蕞尔国，而三世执其政柄，其用物也弘矣，其取精也多矣。"

例句：详细地占有资料，并从中筛选出规律性的东西，这就是取精用弘的过程。

名画鉴赏——《筛麦的妇女》

《筛麦的妇女》

背景

《筛麦的妇女》是19世纪法国现实主义领导者居斯塔夫·库尔贝的作品。居斯塔夫·库尔贝于1819年生于法国的奥尔南，他天资聪颖，自幼便立志做一名画家。他关心社会且十分富有同情心和正义感，一生中画过许多妇女的形象，《筛麦的妇女》是他的代表作，能充分体现他的美学思想。

作品内容

《筛麦的妇女》表现了麦场上两个劳动着的农村妇女和一个男孩的形象。画面左边的妇女漫不经心地拣着麦子。画面右边的男孩正低着头查看木柜，画面中间的红衣妇女正在筛麦子。三个人物中只有一个能看到面部表情，而且她并不像在专心劳动，而仿佛处于梦幻中；中间正在筛麦子的红衣妇女看起来并没有很吃力，甚至动作优美得如同舞蹈动作；处在背景阴影中的男孩则让整幅画面结构达成平衡。

艺术特点

在主体人物的造型刻画上，画中的焦点是穿着鲜艳红衣正跪着筛麦的年轻妇女，她几乎占据了整个构图的中心。作者以高超的写实技巧，独特的背影表现方式，描绘了妇女劳动过程中的自然身姿。红衣妇女的头向前微俯着，露出修长的脖颈，背影丰满而健壮，手臂圆润而结实。她那正在筛麦的优美姿态，充满了青春的力量。她没有向观众展示脸庞，却留给人们无限的遐想空间——可以想象这是一位健康美丽而勤劳的农村姑娘。

在构图上，采用环形构图，让人的视觉中心落在主体人物的侧脸上。

在色彩上，以红、白、黄为主，光线营造真实，烘托出一种和谐温暖的气氛。

通过观察、欣赏《筛图》和《筛麦的妇女》，我们可以发现两幅画中人物的劳动工具和操作方法十分相似，都是利用圆形的筛具进行转动或筛颠。你还知道其他的筛具和筛谷方法吗？请写一写。

随着科技的发展，筛谷从传统的用竹筛、簸箕手动筛颠，到如今广泛使用自动筛谷机，经历了漫长的历程。

筛谷设备	相关资料	图示	工作原理
竹筛	在收割和脱粒之后，需要把糠秕、碎稻秆和谷粒分开。我国古代最简易的方法就是利用竹筛将谷粒抛入空中，随着手腕有节奏的抖动，把糠秕与重的谷粒分开。		风选法：利用谷粒与糠秕之间悬浮速度的差别，借助气流筛除杂物。由于谷物的悬浮速度大于轻的糠秕，当二者一起落入具有特定速度的上升气流时，谷粒会穿过气流下落，糠秕则被气流吹出机器。
手摇/脚踩筛谷机	人们渐渐不满足于速度缓慢而又费力的筛谷法。到公元前2世纪，一项卓越的发明——手摇筛谷机（也称"旋转式风扇车"或"飏车"）诞生了。倒入加料斗中的谷粒不停地受到曲柄摇动的风扇产生的气流冲击，风扇后面有一个大的进气口，安装在一个通向谷粒的、宽而斜的通道的末端。风扇产生的风把糠秕吹到地上，谷粒则落到下面放着的筐里。还有一种筛谷机，不是由适于一人手摇的小曲柄来操作，而是由与曲柄相连的踏板来操作。这样，操作人员就可以腾出手来同时干其他的活。		
自动筛谷机	18世纪初，瑞典人仔细观察了从我国运到哥德堡的飏车，发现这种工具能令筛谷效率大增，于是工程师对其进行改进，使之与机器打谷结合起来，制成了自动筛谷机。		

簸箕扬筛谷皮的技术"跳汰"

在《天工开物·粹精》的《攻黍、稷、粟、梁、麻、菽》一文中写道："凡攻治小米，扬得其实，舂得其精，磨得其粹"，总结了各种杂粮的处理方法。与大米和小麦的操作方法类似，小米等五谷杂粮也可以通过扬筛获得米粒，通过舂碓获得精粮，通过研磨获得精粹的粮食粉体。

无论是舂过的大米、研磨过的小麦，还是脱壳后的小米，要想将粮食与谷壳分离，通常是用簸箕扬筛一下。随着人们双手拿着簸箕上扬下落、颠簸几次之后，较为沉重的粮食颗粒就落到了下面，而较为轻的谷壳就都出现在了上面。这时随着微风吹动，谷皮就被吹到了簸箕外面，簸箕里就剩下纯粹的粮食颗粒了。

其实，从现代工业技术上来说，这个把杂质分离开来的过程有一个专有名词——跳汰。跳汰指的就是在垂直升降的变速介质流中，按密度差异进行分选的过程。在这个过程中，由于物料在粒度和形状上存在差异，所以不同品类的颗粒就出现了分层，然后就可以将这些不同颗粒分选出来了。在利用跳汰的方法进行分选时，以空气作为分选介质时，称为风力跳汰；以水作为分选介质时，称为水力跳汰。

前面所说的利用风力扬筛谷皮的操作，就是风力跳汰；而利用水作为分选介质的"沙中淘金"的方法，就是水力跳汰。

1848年1月24日，美国加利福尼亚的一个磨坊里发现了黄金。这一消息迅速在世界上传播开来，从美国其他地区和国外吸引了大约30万人来到了加利福尼亚，甚至连加利福尼亚的港口都被华人称为"金山"。后来澳大利亚的墨尔本也发现了金山，华人才将美国的金山称为了"旧金山"，而将澳大利亚的墨尔本称为"新金山"。在当时的那场"淘金热"中，人们所使用的基本方法就是水力跳汰。一般在金矿附近的矿石因为风化和长期雨水的冲刷，会有沙粒大小的金子被雨水带入溪流之中，并逐渐沉淀下来。人们为了将这些泥沙中的黄金淘出来，就会将河底的砂石铲到盆里，然后利用水流摇晃盆里的砂石，这时最重的黄金就会沉入盆底。

（二）诗

在正式赏图之前，我们先来看看两位诗人为这幅图所题的诗吧！

康熙赋诗

识文

看作农辛粒去还盘谷谩
白家苦皆难忧糠可言
珠真得从粒欲秕登嘉

吟诵

谩言①嘉谷②可登盘，
糠秕③还忧欲去难。
粒粒皆从辛苦得，
农家真作白珠④看。

注释

① 谩言：＜名＞谎话，假话；＜动＞说假话，欺瞒。
② 嘉谷：优质的谷物。古以粟（小米）为嘉谷，后为五谷的总称。
③ 糠秕：秕指劣质的、不饱满的谷物；糠指稻谷或者麦子的外壳。
④ 白珠：明亮洁白的珍珠。

译文

　　不要轻易相信"只有优质饱满的谷子才可以被放入盘中"这样的假话，那些所谓劣质的、不够饱满的谷子想要去掉谈何容易？每一粒谷子都是劳动人民的辛勤劳动换来的，在劳动人民的眼里，每一粒谷子都像明亮洁白的珍珠一样珍贵无比。

　　大家有没有发现这首诗与哪首诗有异曲同工之妙呢？请对比读一读下面的两句诗，与同伴交流一下你的感受。

- 粒粒皆从辛苦得，农家真作白珠看。
- 谁知盘中餐，粒粒皆辛苦。

楼璹题咏

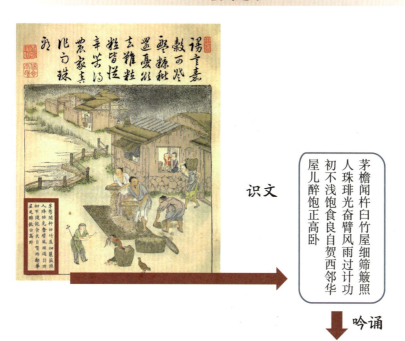

识文

茅檐闻杵臼竹屋细筛簸照人珠琲光奋臂风雨过计功初不浅饱食良自贺西邻华屋儿醉饱正高卧

吟诵

茅檐①闻杵②臼③，竹屋细筛④簸⑤。
照人珠琲⑥光，奋臂风雨过。
计功初不浅，饱食良自贺。
西邻华屋儿，醉饱正高卧⑦。

注 释

① 茅檐：代指茅屋。
② 杵：＜名＞舂米的棒槌；锤衣用的短木棒；＜动＞捣，砸；用长形的东西戳。
③ 臼：＜名＞舂米的器具，用石头制成，样子像盆；＜动＞用臼舂米；＜形＞形如臼的，如臼头深目（形容相貌极丑）。
④ 筛（shāi）：筛子（用竹条等编成的有许多小孔的器具）；用筛子过物；斟（筛）酒。
⑤ 簸：用柳条或竹篾编成的器具；用簸箕颠动米粮，扬去糠秕和灰尘；颠动摇晃。
⑥ 琲：成串的珠子。
⑦ 高卧：枕着高枕而安适无忧地躺卧。

下面两图是中国农业博物馆里的两件展品，分别是不同材质的杵臼。

石杵臼

木杵臼

译 文

　　在茅屋里就能听见人们辛勤劳作用杵臼舂米的声音，竹屋外，人们用筛簸仔细地颠动米粮。随着筛簸的颠簸，粮食上下翻飞，在阳光的照耀下，仿佛珠串一般光彩夺目。无论多么艰难恶劣的处境下，劳动人们都激昂振奋地劳作。这份辛勤带来的功绩不少，人们能填饱肚子是多么值得庆祝的事情。你看那西邻华丽屋宇中的人，吃饱喝足后正在家中安适无忧地躺着呢。

（三）字

在《筛图》中，无论是图画所描绘的劳动场景，还是题诗的内容，都与"筛"密切相关。关于"筛"这个字，你了解多少？

筛（shāi）

"筛"的篆体字如下。

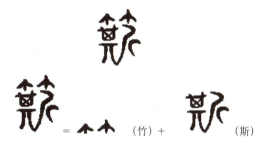

"斯"是"撕"的本字，表示撕扯。

所以，"筛"表示将竹片撕扯成细篾丝，再用篾丝编织起来的竹制用具。

后来，人们用"师"代替"斯"，由此，"筛"在字形上有了变化。

篩　篩　筛

隶书　　　楷书　　　简体

"筛"的本义为用篾丝编成、带细孔用以过滤的用具，如"筛，竹器，有孔以下物，去粗取精。"（《正字通·竹部》）

引申义：①用过滤工具进行过滤，如"筛土筑阿房之宫。"（《汉书·贾山传》）②穿过孔隙，如筛瓦（从瓦隙筛过）；筛糠（用筛子来回摇晃糠）；筛箩（一种形似筛子的竹器）；筛扬（用筛簸扬）③斟酒，如筛酒（斟酒）；筛春（筛酒）④洒：分散地落下，如"先将叶著怀中令暖，用刀剪碎，筛于纸上。"（《养余月令》）⑤摇动；抖动，如"摇漾无声，一任风筛，依约翠侵帘隙。"（江昉《疏影》）⑥量词，"一筛"相当于"一席"或"一篓"，如"王安义就叫他称出几钱银子来，买了一盘子驴肉，一盘子煎鱼，十来筛酒。"（吴敬梓《儒林外史》）

宋朝诗人梅尧臣作了一首《扬扇》，以歌颂百姓的筛谷劳动。你能结合注释说一说这首诗的意思吗？

扬扇

白扇非团扇①，每来场圃②见。
因风吹糠粡③，编竹破筊④箭。
任从高下手，不为暄⑤寒变。
去粗而得精，持之莫肯倦⑥。

注释

① 团扇：圆形有柄的扇子。
② 场圃：农家种菜和收打农作物的地方；收获等农事。
③ 糠粡（hé）：粡指粗劣的食物。
④ 筊：草根。筊箭比喻坚贞，在此指坚硬的箭。
⑤ 暄：温暖
⑥ 倦：疲倦

诗里不同的"筛"

意为用过滤工具进行过滤。

砻转扬轻矿，筛旋迸细粞。纹波翻太液，缟练绕蓬莱。

——宋·黄裳《观雪》

钟堂饭罢梦应了，白米春完筛不曾。

——清·姚莹《永福寺·扫地焚香我未能》

意为斟酒。

隔帘大点欺窗纸，入户微筛供酒杯。

——宋·许及之《舟中喜雨》

银瓶酒尽不堪筛，妾泪如波溅玉杯。

——明·王彦泓《问答词阿姚》

意为穿过孔隙。

急雪浓筛瓦，中宵冷透甑。

——宋·程公许《山中岩戏云端子》

玉箪横陈，林影月筛破。

——清·庄棫《祝英台近·夜坐》

（四）书

我国书法字体大致可以分为篆书、隶书、楷书、行书、草书五大类。你知道这些字体有什么特点吗？我们通过"筛"的书法作品来了解一下。

篆书：保留了古代象形文字的显著特征，笔画细，线条多。起笔有方笔、圆笔和尖笔，较多使用"悬针"。

隶书：源于篆书。隶书化繁为简，化圆为方，化弧为直，变画为点，变连为断。字形扁方、左右分展，强化提按粗细变化。

楷书

篆书

张恒成书　　　　曾庆福书　　　　骆恒光书　　　　张恒成书

楷书：也叫正楷、真书、正书。从隶书逐渐演变，更加趋向简练，横平竖直。字形端正，规则整齐。

楷书

颜真卿书　　　　丁谦书　　　　袁强书

行书：是一种介于楷书、草书之间的字体，它弥补了楷书速度慢、草书难辨认的不足，没有楷书那么工整，也不像草书那么洒脱。特征是既简洁明快，又生动活泼。

"筛"字的行书作品：

行书

敬世江书　　　　　　钱沛云书　　　　　　田英章书

草书于汉代形成，是在隶书的基础上简化而来的。特征是结构简洁，笔画连贯。"筛"字的草书作品：

草书

敬世江书　　　　　　敬世江书

同学们，进一步了解不同字体后，大家可以选择几种自己喜欢的字体，练习临摹"筛"字，亲自体会该书法字体的特点。

通过前面的学习，再观察《筛图》中的康熙题咏，你能看出它是什么字体吗？

（五）刻

《筛图》的康熙题咏中有三枚印章，请说说它们之间有什么不同。

二、行

粮食经过"筛"这一重要过程，才能将精华的部分选出，用来加工成美味的食物。下面，我们就来亲自体验一下"筛"这项劳动，并走进博物馆去继续探索更多传统农具的奥秘，切实体会"筛"中"取精用弘"的意蕴。

 快速分开红豆和绿豆

如果把红豆和绿豆混到一起，你能利用现有工具尝试将两种豆子区分开吗？
工具及原料：各种筛子，混在一起的红豆和绿豆。

找一个孔眼合适的筛子，将混在一起的两种豆子进行过滤。一般情况下，绿豆较小，红豆较大，筛子选择合适的话，红豆就会留在筛子上，绿豆会被滤出。

 任务二 **选择合适的工具筛扬玉米粒**

工具及原料：各种筛子、玉米粒。

> 筛玉米粒的过程会扬起灰尘，
> 同学们要戴好口罩，并注意
> 保护好眼睛哦!

同学们可以用喜欢的方式记录劳动的过程，也可以写一写筛玉米粒时的感受和心情。

 任务三 **用常见的工具制作简易筛子**

工具及原料：硬纸板、旧浴花、刻刀、尺子、铅笔、塑料水瓶、针。

第一种筛子

用刻刀将硬纸板裁
开，用多大，裁多大。

裁好的硬纸板，用
浴花套一下试试大小以
浴花能轻松套上去为宜。

用尺子在硬纸板上量
好纸，用铅笔画好线，
用刻刀裁出一个框。

裁好的纸框就
当作筛子的支架。

把浴花套在纸框
上面。

根据筛子的密度需要
叠加浴花，层数越多，筛
出的东西越细。

第二种筛子

用针将塑料瓶的瓶身部分戳几个孔。

将戳孔处对面的瓶身剪掉。

一个非常简易的筛子就制作完成了。

使用剪刀和针等尖锐
物品时要注意安全！

任务四 中国农业博物馆研学活动

　　我国的传统农业工具还有很多，它们不仅是农业历史发展过程中的产物，还是农业物质文化的重要组成部分。

　　中国农业博物馆是全国唯一的国家级农业博物馆，致力于保护、收藏和研究中国农业文化遗产，传承悠久的农业历史。其中，传统农具陈列馆的展品是研究人员在二十多年的调查、收集、整理、研究的基础上，从全国各地征集、精选出来的。按农业生产的具体工序，分整地、播种、田间管理、灌溉、收获、运输、脱粒、加工、称量九个单元来展示。

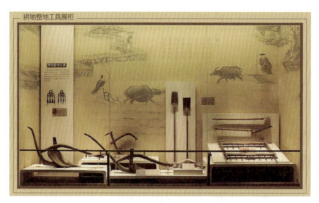

中国传统农具陈列耕地整地农具展柜

南方春耕微缩景观

同学们可以前往中国农业博物馆参观，探寻更多传统农具的奥秘。

主题		行走——中国农业博物馆研学活动
活动时间		
活动前	活动计划	
	关注到的传统农具	
活动中	上述传统农具仍在使用吗？与过去相比有什么进步之处？（可以自行查阅资料或咨询他人）	
	为自己最感兴趣的农具制作一张"农具纪念册"并介绍给大家（可以绘画、拍照、摄像、文字记录等）。	
活动后	心情和收获	

拓展活动：探寻时光"竹技"——学习传统工艺

同学们，通过学习《筛图》，我们深入了解了又一个谷物生产加工环节，对筛簸工具的使用、发展及其制作都有了进一步的认识。虽然农民现在大多采用自动筛谷设备了，但是传统的竹筛仍然很常见。自动筛谷设备固然能节省人力，但也有体积大不易挪动等弊端。相比较而言，竹筛轻便得多，人们可以根据劳动量自由选择最方便快捷的筛谷方式。

其实，"竹筛"除了在生产生活中发挥重要作用以外，它本身还是一种"竹编艺术品"呢，背后蕴含着丰富的"竹编文化"，体现着我国古代劳动人民的劳动智慧和艺术品味。不信，我们一起去中国竹艺博物馆看一看！

三、评价与提升

知

	评价项目	自评	同伴评	师评	家长评
诗	诵读诗歌	☆☆☆☆☆	☆☆☆☆☆	☆☆☆☆☆	☆☆☆☆☆
	理解诗意	☆☆☆☆☆	☆☆☆☆☆	☆☆☆☆☆	☆☆☆☆☆
	体味内涵	☆☆☆☆☆	☆☆☆☆☆	☆☆☆☆☆	☆☆☆☆☆
字	认识字形	☆☆☆☆☆	☆☆☆☆☆	☆☆☆☆☆	☆☆☆☆☆
	理解字义	☆☆☆☆☆	☆☆☆☆☆	☆☆☆☆☆	☆☆☆☆☆
	正确书写	☆☆☆☆☆	☆☆☆☆☆	☆☆☆☆☆	☆☆☆☆☆
书	了解字体	☆☆☆☆☆	☆☆☆☆☆	☆☆☆☆☆	☆☆☆☆☆
	临摹字体	☆☆☆☆☆	☆☆☆☆☆	☆☆☆☆☆	☆☆☆☆☆
	品味欣赏	☆☆☆☆☆	☆☆☆☆☆	☆☆☆☆☆	☆☆☆☆☆
画	整体感知	☆☆☆☆☆	☆☆☆☆☆	☆☆☆☆☆	☆☆☆☆☆
	局部观察	☆☆☆☆☆	☆☆☆☆☆	☆☆☆☆☆	☆☆☆☆☆
	对比体会	☆☆☆☆☆	☆☆☆☆☆	☆☆☆☆☆	☆☆☆☆☆
刻	了解刻法	☆☆☆☆☆	☆☆☆☆☆	☆☆☆☆☆	☆☆☆☆☆
	识别刻法	☆☆☆☆☆	☆☆☆☆☆	☆☆☆☆☆	☆☆☆☆☆

行

评价项目		自评	同伴评	师评	家长评
快速分开红豆和绿豆	参与积极	☆☆☆☆☆	☆☆☆☆☆	☆☆☆☆☆	☆☆☆☆☆
	工具合理	☆☆☆☆☆	☆☆☆☆☆	☆☆☆☆☆	☆☆☆☆☆
	动作规范	☆☆☆☆☆	☆☆☆☆☆	☆☆☆☆☆	☆☆☆☆☆
	节约意识	☆☆☆☆☆	☆☆☆☆☆	☆☆☆☆☆	☆☆☆☆☆
选择合适的工具玉米粒	参与积极	☆☆☆☆☆	☆☆☆☆☆	☆☆☆☆☆	☆☆☆☆☆
	工具合理	☆☆☆☆☆	☆☆☆☆☆	☆☆☆☆☆	☆☆☆☆☆
	动作规范	☆☆☆☆☆	☆☆☆☆☆	☆☆☆☆☆	☆☆☆☆☆
	过程清晰	☆☆☆☆☆	☆☆☆☆☆	☆☆☆☆☆	☆☆☆☆☆
	筛扬成果	☆☆☆☆☆	☆☆☆☆☆	☆☆☆☆☆	☆☆☆☆☆
用常见的工具制作简易筛子	参与积极	☆☆☆☆☆	☆☆☆☆☆	☆☆☆☆☆	☆☆☆☆☆
	过程清晰	☆☆☆☆☆	☆☆☆☆☆	☆☆☆☆☆	☆☆☆☆☆
	成果美观	☆☆☆☆☆	☆☆☆☆☆	☆☆☆☆☆	☆☆☆☆☆
	成果实用	☆☆☆☆☆	☆☆☆☆☆	☆☆☆☆☆	☆☆☆☆☆
中国农业博物馆研学活动	参与积极	☆☆☆☆☆	☆☆☆☆☆	☆☆☆☆☆	☆☆☆☆☆
	研学过程	☆☆☆☆☆	☆☆☆☆☆	☆☆☆☆☆	☆☆☆☆☆
	图文并茂	☆☆☆☆☆	☆☆☆☆☆	☆☆☆☆☆	☆☆☆☆☆

四、思考与总结

1. 通过学习《筛图》，你了解了关于"筛"这一劳动环节的哪些知识？

2. 对于其他粮食加工环节中需要用到的工具，你有哪些新的了解？

通过学习《筛图》，我们认识了"筛"这个重要的农作物加工环节，了解了筛具的使用和发展，还用身边很容易找到的工具亲手制作了简易筛具，体验"筛"的过程，从劳动中感悟"求精"的工匠精神和"取精用弘"的文化哲理。正是通过这一个个加工环节，一粒粒粮食才能从田间地头走到百姓餐桌。每一种传统农具的发明创造、每一步劳动过程，都凝结着无数劳动人民的智慧与汗水，我们一定要珍惜、敬畏每一粒粮食。

有关"筛"的小故事

大眼筛子和小眼筛子

小眼筛子和大眼筛子在一起筛面。

大眼筛子筛的面粉多,小眼筛子筛的面粉少,大眼筛子便对小眼筛子说:"事实胜于雄辩,你现在总该承认了吧,你就是不如我!"

小眼筛子没吭声。

磨坊主人走来,把小眼筛子筛的面粉装进一个细布袋子里去;把大眼筛子筛的面粉装进一个粗布袋子里去。

"你怎么搞的!"大眼筛子忿忿地质问磨房主人:"为什么把它筛的面粉装进细布袋里去,而把我筛的面粉装进粗布袋里去?这不是有意抬高它而贬低我吗?"

磨坊主人说:"它筛的面粉虽然数量少,但质量好;你筛的面粉虽然数量多,但质量差。"

碓

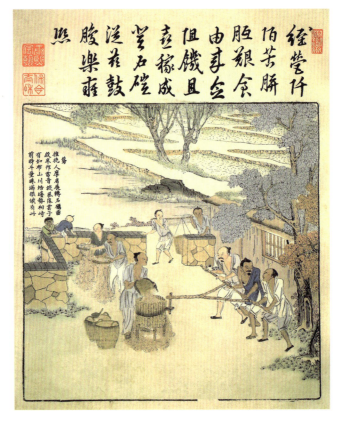

《砻图》

　　《砻图》是《御制耕织图》耕目中的第二十一幅图。砻是稻米加工的最后一道工序，即把糙米外部的一层糠皮去净，这样才能加工出洁白的精米，才能食用。图中一人用竹簸箕添谷，三个农夫推竹篾编制的圆砻，砻谷成米；两个农夫分别用竹编圆糠筛在筛米。远处农夫用竹扁担抬着满箩的稻谷前来加工，石砌墙外妇人抱着小孩子在观砻谷成米，一幅稻米加工作坊的忙碌场景。

目标导引
1.对《砻图》进行初步了解，诵读两首诗，理解诗文大意，知道"砻"字的演变与字义，能通过欣赏书法、古诗等名篇佳作感受文字的魅力。 2.通过古诗、图画、视频来认识砻这一工具，了解砻谷的过程。 3.结合其创作背景体会古代农业的重要性以及现代对农业的重视。 4.了解碾米机的发展，感受科技进步促进农业发展。 5.了解粮食的加工过程，体会劳动的辛苦与收获的喜悦，学会关注农业发展；养成会劳动、爱劳动的优秀品质；能够在劳动中发现美、创造美。

阶段安排					
知					
学段	画	诗	字	书	刻
幼儿阶段	初识《碓图》中的人物与工具。	正确诵读《碓图》中的诗歌。	认识"碓"字，简单了解字义。	感知不同字体的"碓"的书法。	通过图片、视频来认识印章。
1～2年级	对《碓图》有初步的认识与了解，通过古画结合视频认识碓。	正确流利地诵读《碓图》中的诗歌，了解诗文大意。	认识"碓"，理解字义并学习相关成语。	能按照正确笔顺书写"碓"；感受"碓"的不同字形	通过图片、视频来认识阴刻与阳刻。
3～4年级	了解《碓图》的绘画特点。	流利地诵读《碓图》中的诗歌，学习诗配画的形式；学习其他与碓相关的诗句。	知道"碓"字的演变和字义，能够正确书写。	学习楷体"碓"的书写；模仿其他字体。	了解不同种类的刻法，以及刻章历史。
5～6年级	通过观察《碓图》，想象画面；学习透视法；搜集相关图画进行对比学习。	借助图画能用贴切优美的话说出诗文大意；通过古文、诗句来认识寒露。	学会区分形声字与会意字；理解并运用相关成语。	学习"碓"的不同字体的写法；通过临摹学习并体会不同字体的特点。	深入了解刻法；了解印章文化与盖章礼仪。
行					
幼儿阶段	能简单画出碓的外形；学习掰玉米、剥玉米；学习采摘。				
1～2年级	认识稻谷加工过程中的相关工具；学习掰玉米，剥玉米；学习采摘。				
3～4年级	通过绘画、剪纸等形式来展示碓米场景；学习掰玉米、剥玉米、玉米脱粒、采摘、做菜等活动；通过博物馆了解北京地区粮食种植的发展史、认识相关农具。				
5～6年级	学习使用碓、筛等粮食加工的工具；了解现代碾米机及其原理；通过参观博物馆了解北京粮食的发展史、认识相关农具。				

课程实施
计划分为4课时。 第1～2课时：完成"知"部分的学习，对《碓图》进行整体感知。 第3课时：在实践中进一步理解《碓图》，实现认同与践行的统一。 第4课时：通过"亦游亦学"环节实现家、校、社联动，进一步加深对碓这一劳动环节的理解。

课程评价	
知	
画	探究绘画：了解画中农具及人物特点。
诗	体会诗意：能大体把握诗意，想象诗歌描述的劳动场景，感受劳作的辛苦与收获的喜悦。
字（书）	书写汉字：在书写中体会汉字的优美，有良好的书写习惯。
刻	印章文化：了解有关印章的文化，提高传统文化的审美意识。

续表

课程评价		
行		
黏土制"耷"	积极参与：积极了解关于水稻的知识。	
	制作认真：能利用黏土制作出耷的造型。	
	结构合理：通过图文搭配等方式完成名片、思维导图和研究报告。	
稻香丰年	观察仔细：学习收割水稻及耷米过程中做到认真仔细。	
	积极参与：积极参与到收割水稻和耷米实践过程中。	
	操作得当：正确恰当地使用各种工具。	
	团结合作：在实践过程中进行小组合作，顺利完成任务。	
"烹"然心动	操作得当：正确使用各种电器。	
	颜色自然：制作的饭菜颜色自然。	
	香味宜人：制作的饭菜香味宜人。	
	咸淡适中：制作的饭菜咸淡适中。	
亦游亦学	积极参与：积极参与首都粮食博物馆研学活动。	
	文明礼貌：在游学过程中做到文明礼貌，注意交通安全。	
	记录详实：通过图文结合等方式完成游学手记录。	
"玉"见秋收	积极参与：积极参与收玉米的活动。	
	操作得当：正确使用工具	
	勤于思考：由此引发对于农具的了解与认识。	

一、知

（一）画

请看一看，下图中有几个人？他们分别在做什么？（可以从外貌体态、衣着、神情动作等方面进行观察与判断）

你认识下图中的工具吗？它们分别叫什么？如何使用？

图中工具见下表。

序号	工具	名称及作用
1		簸箕：铲状器具，用以扬米去糠的器具，也可用于装物。
2		砻：用以去掉稻壳的农具。
3		箩筐／箩筬：常用来装盛稻谷、玉米等物。
4		竹筛：主要用于粮食面粉加工筛选。竹编用具，底面多小孔，用以分离粗细物。
5		竹扁担：肩担时的劳动工具。

　　中国传统农具是中国传统农耕文化的重要组成部分，是先民集体智慧的体现。让我们一起来了解古代碾米工具。

古代碾米工具——砻

砻之"名片"	
名称	砻。
别名	砻磨。
作用	谷物去壳。
种类	木砻、土砻、水砻。
材质	长竹、木头、黄土等。
资料记载	《说文解字》:"砻,礳(mò)也,从石龙声。"《天工开物·乃粒》:"凡稻去壳用砻。"
历史意义	砻的发明使用有效提高了稻米加工的效率。

砻的结构

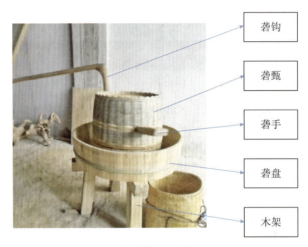

	砻钩
	砻甄
	砻手
	砻盘
	木架

砻结构示意图

龙的传袭

考古发现最早的是江苏泗洪重岗西汉晚期墓出土的画像石"粮食加工图",上面有人推砻的图形。

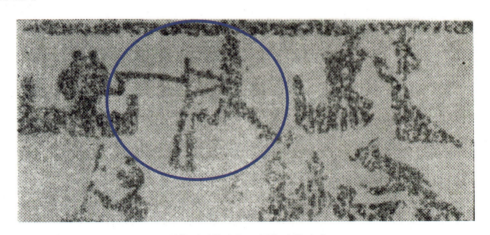

画像石"粮食加工图"中的木砻

古代的砻有水砻、木砻、瓷砻等。

木砻　　　　　　　　　五代吴越国瓷质砻磨（收藏于苍南县博物馆）

20世纪60年代前，木砻是一种谷类脱皮常用工具，随着科学发展，碾米机问世，木砻就慢慢退出历史舞台，木砻手工制作也只在少数地方留存。现在，江西省分宜木砻制作技艺列为江西省非物质文化遗产。

各种现代碾米机

碾米的主要步骤

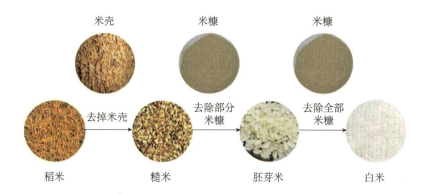

米壳　　　　　　米糠　　　　　　米糠

稻米　　去掉米壳　糙米　　去除部分米糠　胚芽米　　去除全部米糠　白米

学习了砻谷成米之后，用自己喜欢的方式（绘画、剪纸、黏土画等）来描绘一幅碾米场景吧！

（二）诗

康熙赋诗

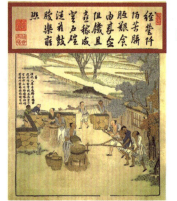

 识文

熙 腹 从 登 喜 阻 由 胝 陌 经
乐 兹 石 稼 饥 来 艰 苦 营
雍 鼓 碨 成 且 念 食 胼 阡

 吟诵

经营阡陌苦胼胝①
艰食由来念阻饥②。
且喜稼成③登石碨④，
从兹鼓腹乐雍熙。

注释
① 胼胝（pián zhī）：手脚因长期劳动被摩擦变成很硬的皮肤，又称为老茧。
② 阻饥：阻，困厄。饥，忍饥。阻饥即忍饥挨饿。"黎民阻饥。"（《尚书·舜典》）
③ 稼成：庄稼成熟。
④ 石碨（wèi）：石磨。

译文
农民在田里耕作，手脚都磨出了老茧，省吃俭用为的是不再忍饥挨饿。欢喜的是谷熟已登上石磨碾米，从此可以饱食鼓腹而乐，和谐熙熙。

楼璹题咏

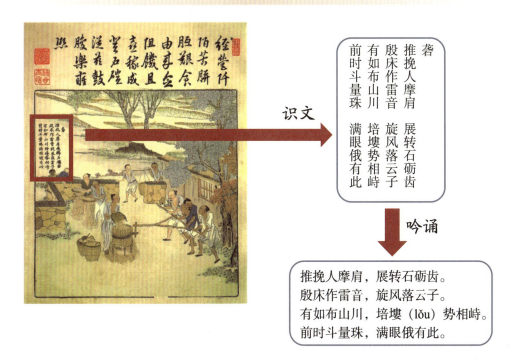

识文

碓
推挽人摩肩　展转石砺齿
殷床作雷音　旋风落云子
有如布山川　培塿势相峙
前时斗量珠　满眼俄有此

吟诵

推挽人摩肩，展转石砺齿。
殷床作雷音，旋风落云子。
有如布山川，培塿（lǒu）势相峙。
前时斗量珠，满眼俄有此。

译文

人们紧挨在一起推动碓钩，使得碓磨转动起来。声音似雷声，稻糠随风飘落。碾出的米似一座座小山丘，顷刻间满眼都是珍珠似的白米。

一往不返顾，尘痕废磨碓。

——宋·黄庭坚《玉照泉》

安得椽笔记始终，插江石崖坚可碓。

——宋·陆游《十二月十一日视筑堤》

造物遗以穷，磨碓发深省。

——宋·陆游《夜坐》

徒谓自坚贞，安知受碓铸。

——唐·元稹《梦游春七十韵》

不及如顽石，非与磨碓近。

——唐·黄滔《书怀寄友人》

土晕铜花蚀秋水，要须悍石相砻砥。

——宋·苏轼《次韵王定国南迁回见寄》

磨砻以成我，德大不可酬。

——宋·王安石《寄丁中允》

（三）字

砻（lóng）

篆书 　　 隶书 　　 楷书 　　 简体

"砻"为形声字。石表意，其形像山崖下有块石头，表示石磨；龙表声，兼表磨转动时发出的声响。声旁简化。

"砻"本义是磨，如"钝金必将待砻厉然后利。"（《汉书·枚乘传》）引申为一种形状似磨、用以去掉稻壳的工具，如砻磨。还指用砻脱出稻谷的壳，如"凡既砻，则风扇以去糠秕。"（《天工开物》）另通"垄"，坟墓。

谜语

木匠篾（miè）匠合力打造，一推一拉摇头晃脑，

边吃边屙（ē）总是不饱，一日三餐功劳不小。（打一农具）

谜底：砻

成语

磨砻淬砺（mó lóng cuì lì）

淬火磨砺。形容反复磨炼、研讨。语出"思得卓识博闻之士相与讲习，磨砻淬砺，证其是黜其非，增益其所未至。"（宋·李纲《与潘子贱龙图书》）

磨砻浸灌（mó lóng jìn guàn）

切磋浸染。形容勤学苦练，始终不懈。语出"君时始任戴冠，通《诗》《书》，与其群日讲说周公、孔子，以相磨砻浸灌，婆娑嬉游，未有舍所为为人意。"（唐·韩愈《考功员外卢君墓志铭》）

（四）书

楷书	隶书	篆书
翁闿运书	单晓天书	《说文解字》书

	行书	
胡问遂书	赵孟頫书	敬世江书

	草书	
毛泽东书	敬世江书	康里子山书

现在请同学们试着仿写一下各种字体的"砻"字吧。

（五）刻

阴刻与阳刻都是我国传统刻字的两种基本刻制方法，阳刻是将图案或文字的线条刻成凸起的立体线条，阴刻是将图案或文字刻成凹形。

观察以下四枚印章，说出哪个是阴刻，哪个是阳刻。

 拓展知识

寒露节气

《月令七十二候集解》："九月节，露气寒冷，将凝结也。"此时气温较"白露"时更低，露水更多，日带寒意，故名"寒露"。

寒露分为三候：一候鸿雁来宾；二候雀入大水为蛤；三候菊有黄华。意思是，此节气中，鸿雁排成一字或人字形的队列大举南迁；深秋天寒，雀鸟都不见了，古人看到海边突然出现很多蛤蜊，并且贝壳的条纹及颜色与雀鸟很相似，便以为是雀鸟变成的；"菊有黄华"是说在此时菊花已普遍开放。

寒露是秋收、秋种、秋管的重要时期，正所谓"人误地一时，地误人一年"，寒露的到来意味着许多农事需加紧进行，否则就会影响庄稼的丰收。由于地域不同，南北农事各不相同。此时南方水稻的收割、加工进入紧张忙碌的阶段。

传统习俗

饮菊花酒

寒露与重阳节接近，此时菊花盛开，为除秋燥，某些地区有饮"菊花酒"的习俗，这一习俗与登高一起，渐渐移至重阳节。

吃螃蟹

寒露还有吃螃蟹的习俗。古人诗曰："九月团脐十月尖，持螯饮酒菊花天。"民间也有"九雌十雄"的谚语。蟹肉质细嫩，味道鲜美，为上等名贵水产。

诗意寒露

寒露

左河水

天高①昼热夜来凉，

草木萧疏②梧落黄。

日享菊香播小麦，

夜喝梨贝③养脾肠。

【注释】

① 天高：指到了寒露时节，气候干燥，呈现天高云淡的景象。

② 萧疏：稀疏、稀少。如"槐柳萧疏溽暑收，金商频伏火西流。"（唐代彦谦《秋霁夜吟寄友人》）此处是指时到寒露节气，野外的各种草木呈现出萧疏衰败之象。

③ 梨贝：雪梨与川贝的简称。

【译文】

寒露时节天高气爽，晚风送凉，梧桐落黄，草木萧疏，秋菊飘香的时候，人们忙着播种小麦，夜晚喝梨贝汤养生。

 拓展知识

砻的发明

据福安民间传说，谷砻是鲁班发明的。古时候，稻谷脱壳需要用木棒捶、石头碾，非常辛苦，而且效率很低。鲁班看着乡亲们受苦受累，心里着急，却又束手无策。有一次，他无意中看见麻雀吃稻谷，轻轻一啄，竟然可以把谷壳与米粒分离，吐出谷壳，只吃米粒，他十分惊奇，经过仔细查看，发现麻雀的喙里，上下都有齿纹，他受到启发，脑洞大开，发明了谷砻，给人们带来了便利。

忠福名山的"推砻石"

忠福名山古庙位于江西省兴国县崇贤乡。古庙左前方有一座巨石，巨石又坐落在盘石之上，观之宛如砻形，因此而得名"推砻石"。关于"推砻石"流传着一个民间传说，相传该石在古时曾可每日出米数斗，供周边百姓食用。然有一日，有一妇人在收米时抱怨该石天

天只出米，而不出喂猪的糠，于是该石便连续出糠三日而不出米。三日之后，该石就再也不出东西了。

这个故事教育人们要珍惜自己拥有的东西，莫要贪心不足，更告诫人们要自力更生，辛勤劳作，勤俭持家，努力创造美好生活。如今，"推砻石"在当地已成为寓意"风调雨顺，五谷丰登，安居乐业，国泰民安"的象征。

二、行

"春种一粒粟，秋收万颗子"，经过春之播种、夏之耕耘，终于迎来了秋天的收获。秋天，是成熟的季节，是金黄的季节，是收获的季节。通过前面的学习，我们了解了古人进行粮食加工的过程，现在就让我们亲身走进自然，感受劳动的快乐，体会收获的喜悦。

 任务一　黏土制"砻"

在观看了制作砻的过程之后，我们用超轻黏土来做一个砻的模型吧！

准备材料	 超轻黏土
	可以模仿瓷质砻磨来进行制作

任务二　稻香丰年

"稻花香里说丰年"，让我们在京西育稻产业园亲身体验收割水稻、砻谷成米的过程吧。

活动一：收割水稻

具体步骤：一手握着镰刀，一手抓住几束水稻，轻轻割下来。使用镰刀时注意安全。

活动二：古法砻米

小组合作体验砻谷成米的过程。

任务三 "烹"然心动

秋天收获的粮食以及瓜果蔬菜经过"美食家"的巧手，成为我们餐桌上一道道美味可口、营养丰富的食物。下面请一起来体验煮饭和炒菜吧。

活动一：粒粒饭香

"民以食为天"，经过多重加工，金黄的稻谷摇身变成了雪白的大米。那么，香喷喷的米饭是怎么做出来的呢？一起来尝试煮米饭吧。

实践体验

我会煮米饭	
准备物品	电饭煲、淘米盆、大米、水。
准备工作	1.通过询问家人或查阅资料等方式来了解煮米饭时放入米与水的比例。 2.仔细阅读电饭煲使用说明书。
安全提示	1.清洁双手后再来做饭哦！ 2.正确使用电饭煲，注意用电安全，接通电源时一定要保持双手干燥！
操作步骤	1.确定大米的量。 2.淘米，淘洗 2～3 次。 3.将淘好的米放进电饭煲内，加入适量的水。 4.盖好锅盖。 5.接通电源，按下电饭煲煮饭的按钮。 6.当米饭煮熟后，电饭煲自动转换为保温状态，15分钟后可切断电源。

交流畅谈

香喷喷的大米饭做好了，展示一下你做的米饭吧！与同学交流一下做米饭的过程。

展示我的米饭	交流畅谈
	1. 在煮米饭的过程中遇到了哪些困难？是怎么解决的？
	2. 使用电饭煲时还要注意什么？
	3. 电饭煲还有哪些其他功能？
	4. 我的收获。

活动二：制作佳肴

香喷喷的米饭做好了，再来搭配一道美味可口的炒菜吧。

采摘西红柿

注意事项

1. 采摘成熟的西红柿时，可以用手轻轻扭下来，也可以用番茄剪沿着果柄根部轻轻剪下。

2. 采摘时应轻拿轻放，避免损坏果实。

3. 采摘用的篮子要保持干净卫生，无污染，用布或其他比较软的物品垫在篮子底部，避免磕碰西红柿。

用西红柿做一道菜

最后，用自己采摘的西红柿为家人制作一盘美味又健康的凉拌西红柿或西红柿炒鸡蛋。

我会做菜	
	步骤一：
	步骤二：
	步骤三：
	步骤四：
	注意事项：
	我的心得体会：

用手中的画笔或者照片记录下"小小美食家"做饭的精彩瞬间吧！

任务四 亦游亦学

　　首都粮食博物馆坐落于东城区永定门外大磨坊文化创意园内，作为国家粮食安全宣传教育基地，承载了首都百姓对生存和温饱的记忆。有句话说得好："手中有粮，心中不慌。"自古以来，吃饭都是大事情，有粮才能过上好日子。馆内一件件老物件儿、一幅幅老照片、一个个场景和一组组模型，令观众大开眼界。

首都粮食博物馆

研学手记	
研学主题	探访首都粮食博物馆
小组任务	
研学过程 （参观顺序、参观景物）	
我的收获	研学过程中，你印象最深刻的是什么？把你看到的、想到的写下来。
成果汇报	□手抄报　□幻灯片　□摄影作品　□绘画作品　□手工作品　□研究报告 □其他

研学课程活动设计	
课程概况	
课程主题：探访首都粮食博物馆	
课程简介：通过在首都粮食博物馆中观看寻找不同种类的水稻生产及加工工具，了解工具对于劳动发展的重要意义及作用。	
时间安排：建议至少4课时。	
适合年级：□幼儿 ☑小学低年级 ☑小学中年级 ☑小学高年级。	
涉及学科：数学、科学、历史。	
研学主题：劳动教育。	
研学方式：游览探究。	
课程目标：培养劳动意识，提升劳动能力，汲取劳动智慧，传承劳动文化。	
活动设计	
系列活动设计：工具知多少，南粮北调。	
关键问题链：水稻加工工具有哪些？水稻加工工具的发展史是怎样的？	
本次活动目标：了解水稻的基本知识与特点；学习插秧；培养劳动意识，锻炼劳动能力，培养探究意识。	
学前课	目标：初步了解水稻的加工工具。过程：通过查阅资料、讲解等方式走进水稻加工工具。
学中课	目标：了解水稻加工工具的发展史。过程：通过研学过程中的各项活动深入学习水稻加工工具，体会劳动人民的智慧。
学后课	目标：培养劳动意识与探究意识。过程：通过交流汇报的方式呈现学习的收获，体悟劳动中的智慧。
学生作品	□手抄报　□幻灯片　□摄影作品　□绘画作品　□手工作品　□研究报告　□其他

任务五　"玉"见秋收

　　秋季是收获的季节，在秋天，一般南方收获水稻，北方收获玉米。玉米从收获到入仓要经历掰玉米、剥玉米、晾晒、脱粒、去杂质等一系列过程，现在就让我们一起去体验收玉米吧。

活动一：掰玉米

了解玉米

通过查阅资料、实地观察等方式了解玉米的生长过程。

玉米的生长发育期主要包括插种期、出苗期、三叶期、七叶期、拔节期、抽雄期、开花期、吐丝期、乳熟期、成熟期。

掰玉米

注意事项：穿长袖衣服，避免玉米叶划伤皮肤。

具体步骤：

1. 一手扶住玉米秆，另一只手用力向下掰，注意别伤到手；

2. 把掰下的玉米放在一堆，然后再装入准备好的袋子里。

活动二：剥玉米

搜集剥玉米的工具，体验剥玉米。

活动三：玉米脱粒

搜集玉米脱粒的方法并进行体验。

工具	使用方法	感受

续表

工具	使用方法	感受

三、评价与提升

知

评价维度	评价要素	自评	同伴评	师评	家长评
诗	流利诵读古诗	☆☆☆☆☆	☆☆☆☆☆	☆☆☆☆☆	☆☆☆☆☆
	正确理解诗意	☆☆☆☆☆	☆☆☆☆☆	☆☆☆☆☆	☆☆☆☆☆
	体味古诗内涵	☆☆☆☆☆	☆☆☆☆☆	☆☆☆☆☆	☆☆☆☆☆
字	掌握发音与书写	☆☆☆☆☆	☆☆☆☆☆	☆☆☆☆☆	☆☆☆☆☆
	正确理解字义	☆☆☆☆☆	☆☆☆☆☆	☆☆☆☆☆	☆☆☆☆☆
	掌握字形演变	☆☆☆☆☆	☆☆☆☆☆	☆☆☆☆☆	☆☆☆☆☆
	掌握成语并运用	☆☆☆☆☆	☆☆☆☆☆	☆☆☆☆☆	☆☆☆☆☆
书	了解"耆"不同字体的书法作品	☆☆☆☆☆	☆☆☆☆☆	☆☆☆☆☆	☆☆☆☆☆
	书写平稳顺畅	☆☆☆☆☆	☆☆☆☆☆	☆☆☆☆☆	☆☆☆☆☆
	下笔规范有力	☆☆☆☆☆	☆☆☆☆☆	☆☆☆☆☆	☆☆☆☆☆
	笔画舒展到位	☆☆☆☆☆	☆☆☆☆☆	☆☆☆☆☆	☆☆☆☆☆

续表

评价维度		评价要素	自评	同伴评	师评	家长评
画		熟知画中人物	☆☆☆☆☆	☆☆☆☆☆	☆☆☆☆☆	☆☆☆☆☆
		熟知画中农具	☆☆☆☆☆	☆☆☆☆☆	☆☆☆☆☆	☆☆☆☆☆
		了解古画特点	☆☆☆☆☆	☆☆☆☆☆	☆☆☆☆☆	☆☆☆☆☆
刻		了解印章文化	☆☆☆☆☆	☆☆☆☆☆	☆☆☆☆☆	☆☆☆☆☆
		区分不同刻法	☆☆☆☆☆	☆☆☆☆☆	☆☆☆☆☆	☆☆☆☆☆
		了解印章字体	☆☆☆☆☆	☆☆☆☆☆	☆☆☆☆☆	☆☆☆☆☆

行

评价任务		评价要素	自评	同伴评	师评	家长评
黏土制"碧"		积极参与	☆☆☆☆☆	☆☆☆☆☆	☆☆☆☆☆	☆☆☆☆☆
		制作认真	☆☆☆☆☆	☆☆☆☆☆	☆☆☆☆☆	☆☆☆☆☆
		结构合理	☆☆☆☆☆	☆☆☆☆☆	☆☆☆☆☆	☆☆☆☆☆
古法碧米		观察仔细	☆☆☆☆☆	☆☆☆☆☆	☆☆☆☆☆	☆☆☆☆☆
		积极参与	☆☆☆☆☆	☆☆☆☆☆	☆☆☆☆☆	☆☆☆☆☆
		操作得当	☆☆☆☆☆	☆☆☆☆☆	☆☆☆☆☆	☆☆☆☆☆
		团结合作	☆☆☆☆☆	☆☆☆☆☆	☆☆☆☆☆	☆☆☆☆☆
"烹"然心动		操作得当	☆☆☆☆☆	☆☆☆☆☆	☆☆☆☆☆	☆☆☆☆☆
		颜色自然	☆☆☆☆☆	☆☆☆☆☆	☆☆☆☆☆	☆☆☆☆☆
		香味宜人	☆☆☆☆☆	☆☆☆☆☆	☆☆☆☆☆	☆☆☆☆☆
		咸淡适中	☆☆☆☆☆	☆☆☆☆☆	☆☆☆☆☆	☆☆☆☆☆

续表

评价任务	评价要素	自评	同伴评	师评	家长评
亦游亦学	积极参与	☆☆☆☆☆	☆☆☆☆☆	☆☆☆☆☆	☆☆☆☆☆
	文明礼貌	☆☆☆☆☆	☆☆☆☆☆	☆☆☆☆☆	☆☆☆☆☆
	勤于思考	☆☆☆☆☆	☆☆☆☆☆	☆☆☆☆☆	☆☆☆☆☆
	记录详实	☆☆☆☆☆	☆☆☆☆☆	☆☆☆☆☆	☆☆☆☆☆
"玉"见秋收	积极参与	☆☆☆☆☆	☆☆☆☆☆	☆☆☆☆☆	☆☆☆☆☆
	操作得当	☆☆☆☆☆	☆☆☆☆☆	☆☆☆☆☆	☆☆☆☆☆
	勤于思考	☆☆☆☆☆	☆☆☆☆☆	☆☆☆☆☆	☆☆☆☆☆
	记录详实	☆☆☆☆☆	☆☆☆☆☆	☆☆☆☆☆	☆☆☆☆☆

四、思考与总结

1. 无论是水稻还是玉米，每一粒粮食的收获都来之不易。北方的秋天除了收获玉米，还可以收获哪些农作物？通过自己喜欢的方式来探究一下吧。

2. 通过学习了解稻谷脱壳工具——砻，我们发现了古代劳动人民的伟大智慧。你还知道哪些务农工具？来说一说吧。

3. 春去秋来，四季更迭，古代劳动人民就这样年复一年地在土地里辛勤耕作。作为现代小学生，你有什么想对他们说的吗？来进行一场古今对话吧。

俗话说："世上三般苦，砻米拉锯挖平土。"砻谷成米的过程需要较多人力，且劳动强度较大，效率较低，多人一起砻米，用力要均匀，并且要一直保持一个姿势劳作很长时间，这一过程是很辛苦的，但是，只要持之以恒，稻谷就会在这个过程之中实现蜕变，变成雪白的大米，这便是"磨砻淬砺""磨砻浸灌"的精神。没有不劳而获的丰收，也没有一蹴而就的成功，有的是勤勤恳恳与脚踏实地，在一点一滴中积攒力量，行稳致远，进而有为。

我们在古画中见证了古代人民的辛勤劳动，认识了凝结着无数劳动人民智慧的劳动工具，了解了中华传统文化与民族精神。中华历史文化源远流长，等待着我们去发现、去探索。我们除了要领悟这份精神，更要学会用自己的所学与才干去继承、去创造，让我们的民族精神始终熠熠生辉。

壮族敲击体鸣乐器——舂

舂，壮族称榔，流行于广西壮族自治区右江流域的天等、平果、田阳等地。起源于农民用以舂稻谷的一种长槽形器具。唐代刘恂《岭表录异》："广南有舂堂，以浑木刳为槽，一槽两边约十杵，男女间立，以舂稻粮，敲磕槽弦，皆有偏拍，槽声若鼓，闻于数里……"宋代周去非《岭外代答》："静江（今桂林）民间，……屋角为大木槽。将食时，取禾舂于槽中，其声如僧寺之木鱼。女伴以意运杵成音韵，名曰舂堂。"后来，这种舂堂发展为庆贺年节和祈求丰收的舞蹈，舂也就成了专为舂堂舞伴奏的主要乐器。舂体做工精致，槽壁外侧还绘以各种花卉和图案纹饰。使用木制击棒撞击，木棍外形与乐杵有些相像，两端较粗，中间手握部分较细。

舂堂舞

入仓

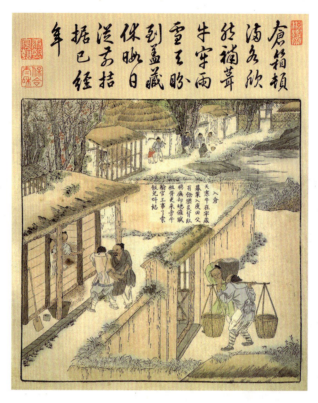

《入仓图》

入仓作为《御制耕织图》耕目的倒数第二个环节，象征着一年丰收满满。经过浸种、布秧、插秧、灌溉、持穗等一系列耕种活动，高品质的大米才能储存入仓，供人们食用。入仓的粮食能保证农民和国家生计，可见其意义重大。这样充满仪式感的农业活动，随着上千年的发展，仍迸发出现代生机，粮食安全始终关系着国计民生，培养学生"仓廪实而知礼节，衣食足而知荣辱"的中华美好品德。

目标导引

1. 了解《入仓图》的内容、概念和意义。能够通过图中入仓情景与诗注了解古代农业劳动。
2. 初步认识古代农业生产劳动的工具，了解入仓劳动环节。
3. 能够将所学知识运用于实际生活和学习中。
4. 体会劳动者的艰辛，增加对农业劳动的关注，培养能劳动、会劳动、爱劳动的优秀品质与传统美德。在劳动中发现美、培育美、创造美。

续表

阶段安排				
知				
学段	画	诗	字	书	刻
幼儿阶段	认识《入仓图》中的工具。	能诵读《入仓图》中的诗歌，简单了解诗歌描绘的场景。	在追根溯源中感受有趣的汉字。	了解行书的特点。	认识阴刻刀和阳刻。
1～2年级	认识《入仓图》中的工具，了解粮食计量工具。	能诵读《入仓图》中的诗歌，了解诗歌大意。	在追根溯源中了解有趣的汉字。	了解行书特点，初步赏析名家书法，临摹"仓"字。	认识阴刻刀和阳刻，初步了解刻法，学习盖章。
3～4年级	认识《入仓图》中的工具，了解粮食计量工具。	能诵读《入仓图》中的诗歌，借助注释翻译诗歌大意。	在象形字、字形演变、字义、诗意中体会汉字的历史演变。	了解行书特点，进一步赏析名家书法，临摹"仓"字。	认识阴刻刀和阳刻，基本了解刻法，学习盖章。
5～6年级	认识《入仓图》中的工具，了解粮食计量工具。	能记诵名句、借助注释且用较有美感的语言翻译大意。	通过象形字、字形演变、字义、诗意中读字、品字、赏字。	了解行书特点，深入赏析名家书法，临摹"仓"字。	认识阴刻刀和阳刻，深入了解刻法，学习盖章。

行	
幼儿阶段	制作简易版粮仓、粮食瓮折纸和丰收粮食贴画。
1～2年级	走访中华粮仓、北京皇家粮仓、"仓"字胡同，制作简易版粮仓和扁担，制作粮食瓮折纸、丰收粮食贴画。
3～4年级	走访中华粮仓、北京皇家粮仓、"仓"字胡同，制作实用粮仓和扁担，制作粮食瓮折纸、丰收粮食贴画。
5～6年级	走访中华粮仓、北京皇家粮仓、"仓"字胡同，制作实用粮仓和扁担，制作粮食瓮折纸、丰收粮食贴画。

实施建议
计划分为4课时。 第1课时：通过"画""诗"刻整体感知《入仓图》。 第2课时：结合第1课时讲解"字""书""刻"部分的内容。 第3～4课时：开展"行走中的研学活动"，带领学生行走粮仓和"仓"字胡同，指导学生开展劳动课程任务，开展家、校、社三位一体活动，在"行走"中加深理解、认同。

课程评价		
知		
画	认真观察	认真、仔细观察古画中的人物、工具，整体感知古画内容和风格，从题材内容、思想情趣、笔墨内容赏析古画。
	整体感知	
	作品欣赏	

续表

课程评价			
诗	诵读诗歌	有感情地进行吟诵，借助注释理解诗意，全面体会诗歌韵味。	
	理解诗意		
	体味内涵		
字	了解字体	对字体进行解构，正确理解字义，通过成语拓展和诗里乾坤部分的内容掌握"仓字"的含义和用法。	
	理解字义		
	体味内涵		
书	了解特点	充分了解行书特点，正确临摹字体，品味书法之美。	
	临摹字体		
	品味欣赏		
刻	认识阴刻和阳刻	正确认识阴刻和阳刻，了解康熙书斋名及文化内涵。	
	理解"宸翰""太合保和"		
行			
阅读活动	参与积极	了解中华粮仓发展历史，进行学习反思	
	活动过程		
	图文并茂		
行走中的研习	参与积极	积极参加研学活动，独立完成研学日记，在研学活动中体会皇家粮仓和"仓"字胡同的意义。	
	研学过程		
	图文并茂		
手工劳作"丰收"任务	参与积极	积极参加手工劳动活动，独立完成手工制作品，借助图、文、视频对手工劳动作品进行展示。	
	制作合理		
	图文并存		

一、知

冬，终也，万物收藏也。

冬季是藏物与祭祀的季节，冬季的特点是阳气由盛转衰，阴气开始回升，万物凋零，但也意味着新的开始，农事活动告一段落，秋作物全部收晒完毕，收藏入库，动物也准备冬眠。

（一）画

一年丰收在即，农人繁忙却欢乐。

下图中圈出的这两种工具的作用是什么？

观察下面两幅图中圈出的板子，说说它们的作用是什么。

提示：《入仓图》中有两个农夫正在主人指挥下用粮筐担稻谷入仓。粮仓为木制，地上放着木板，可随着贮藏粮的增多而加高。

下图中这种工具叫什么？它的作用是什么？

下面几幅图中有哪些人物？分别在做什么？想象一下他们的对话内容。

提示：在《入仓图》中，近处茅屋外几位农民正将一筐筐粮食抬进屋中，收入粮仓。远处的茅屋外，几位农民正坐着愉快地聊天，可见冬季是农闲时节。

拓展知识

粮食计量工具

米斗

材质：木制。

馆藏：北京大运河翰林民俗博物馆。

升

材质：柳编。

馆藏：北京大运河翰林民俗博物馆。

10升等于一斗。

粮斗

材质：木制．

馆藏：北京大运河翰林民俗博物馆。

做好后会写上"五谷丰登""风调雨顺"等。一个粮斗的粮食等于10个升的容积。

（二）诗

康熙赋诗

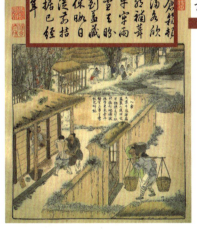

 识文

年据从休到雪牛然满仓
已前暇盖天牢补各箱
经拮日藏盼雨葺欣顿

吟诵

仓箱①顿满②各欣然，
补葺③牛牢雨雪天。
盼到盖藏休暇日，
从前拮据④已经年。

注释

① 仓箱：盛粮食的箱子。

② 顿满：用苇圈起来盛粮食叫顿，顿满即顿内粮食很满。

③ 补葺：用茅草覆盖房顶，这里指修补牛羊圈棚。

④ 拮据：境况窘迫。

译文

　　粮食箱足顿满，大家都很欢喜，修补牛羊棚舍以防雨雪天气。盼到了盖藏之日便可以休息了，从前的窘迫已经过去了。

楼璹题咏

识文

入仓
天寒牛在牢
岁暮粟入庾
有余乐炙背卧
檐庑却愁催赋
租胥吏来旁午
输官王事了索
饭儿叫怒

吟诵

入仓
天寒牛在牢①，岁暮粟入庾②。
田父有余乐，炙背卧檐庑③。
却愁催赋租，胥吏来旁午。
输官王事了，索饭儿叫怒。

注释

① 牢：关养牲畜的栏圈。"亡羊补牢，未为晚也。"（《战国策·楚策》）
② 庾：露天的谷仓。
③ 檐庑：屋檐。

译文

　　天冷了，农民将牛关在栏圈里，到了年末，把粮食装进谷仓。他们却还是发愁官吏频繁来催收赋税租金。等交完官府、国家的赋租，孩子向自己索要饭食也叫人烦躁发怒。

藏帝籍之收于神仓。

——《礼记·月令》

注：藏祭祀之谷为神仓。帝籍，天子象征性的亲耕之田。
仓廪（注：粮仓）实而知礼节，衣食足而知荣辱。

——汉·贾谊《论积贮疏》

稻米流脂粟米白，公私仓廪俱丰实。

——唐·杜甫《忆昔二首》

晴送麦入仓，雨催谷含穗。

——宋·苏辙《雨病》

入仓无一粒，敢望祈报福。

——宋·张耒《食菜》

 拓展知识

立冬节气

立冬是冬季的第一个节气，代表着冬季的开始。冬，终也，万物收藏也。冬季是藏物与祭祀的季节，冬季的特点是阳气由盛转衰，阴气开始回升，万物凋零，但也意味着新的开始，农事活动告一段落，秋作物全部收晒完毕，收藏入库，动物也准备冬眠。

立冬是我国民间非常重视的季节节点之一，是享受丰收、休养生息的时节，通过冬季的休养，期待来年生活兴旺如意。立冬在古代社会是"四时八节"之一，是个非常重要的节日，在我国部分地区有祭祖、饮宴等习俗。在民间，立冬时北方吃饺子，南方热补，比如喝羊肉汤。

立冬分为三候：一候水始冰；二候地始冻；三候雉入大水为蜃。此节气水已经能结成冰；土地也开始冻结；三候"雉入大水为蜃"中的雉即指野鸡一类的大鸟，蜃为大蛤，立冬后，雉（即野鸡一类的大鸟）便不多见了，而海边却可以看到外壳与野鸡的线条及颜色相似的大蛤，所以古人认为雉到立冬后便变成大蛤了。

（三）字

仓（cāng）

甲骨文　　金文　　小篆　　楷书　　简体

"仓"是象形字，字的上部是一座粮仓的顶部，中间是一扇门，下面是粮仓口的础石。"仓"的本义是粮仓。古书还常借为舱（如船仓）、苍（如仓龙）、沧（如仓海）等。

 拓展知识

仓箱可期：仓箱，盛粮食的工具。粮仓有望装满，比喻丰收大有希望。出自"乃求千斯仓，乃求万斯箱。"（《诗经·小雅·甫田》）

太仓一粟：太仓，古代设在京城中的大谷仓。大粮仓里的一粒谷子，比喻极大的数量中一个非常小的数目。出自"计中国之在海内，不似稊米之在太仓乎？"（《庄子·秋水》）

（四）书

《御制耕织图》中康熙赋诗为行书。行书特点：下笔、收笔、转折多顺势而为，灵活多变。多采用露锋起笔，顺势放锋收笔的方法，点画两端减少了运笔的往复动作，且追求虚实变化，虚实结合。行书增加了钩挑和牵丝。

请结合行书特点，临摹王献之的"仓"字。

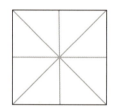

（五）刻

在《御制耕织图》中，序前盖有"佩文斋"印，序后盖有"渊鉴斋"印，佩文斋和渊鉴斋都是清康熙帝的书斋名，故址在圆明园内的畅春园中。

在《御制耕织图》中，康熙赋诗后面盖有"康熙宸翰"和"保合太和"二印，分别为阴刻和阳刻。

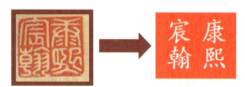
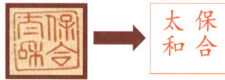

二、行

中华粮仓的前世今生

粮仓系国脉，民心定乾坤。《礼记·王制》称："国无九年之蓄，曰不足；无六年之蓄，曰急；无三年之蓄，曰国非其国也。"说明至少在周朝就有粮仓了。

时庄粮仓遗址

中国古代的国有仓库

时庄粮仓遗址

朝代：夏代。

地点：河南省周口市淮阳区四通镇时庄村。

作用：集中存储黍和粟（小米和黄米）。

结构：下面有隔水层，有绝水层，整个地基建高，外层抹泥防潮。

界埠粮仓遗址

界埠粮仓遗址出土的碳化米

界埠粮仓遗址

朝代：战国。

地点：江西省吉安市新干县。

结构：土木结构仓房。

技术：地处赣江边上，但比较好地解决了防水防霉等技术难题。

洛口仓遗址

朝代：隋朝。

地点：河南省郑州市巩义市。

技术：窖藏式仓储，掘土为窖，藏粮于地下。

洛口仓遗址

含嘉仓遗址

朝代：唐朝。

地点：河南省洛阳市。

技术：窖藏粮食、以火烘干窖壁，以草木灰、木板、席、糠、席五层防潮、保温、保鲜。

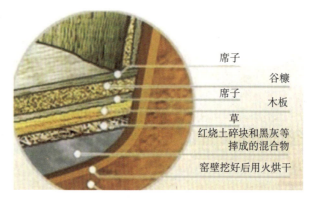

含嘉仓遗址　　　　　　　　含嘉仓储粮技术说明图

中国古代的义仓

古代义仓的基本运作流程：丰收时粮食比较便宜，国家就以高于市场价的价格大量买入粮食，避免谷贱伤农。等粮食歉收时，国家再以低于市场价的价格大量抛售，抑制粮食价格上涨，防止饥荒发生。

丰图义仓

朝代：清朝，建于清光绪八年（公元1882年）。

遗址：陕西渭南大荔县朝邑镇仰圣堡村内。

规模：共有58座仓廒，能蓄粮5220吨。

技术：采用地上储粮方式，粮仓划分12个排水区，经水管沟通后，水集中至中间低、四周高的广场，再排出仓外。仓体由能耐 900℃ 高温的黏土砖砌成，仓室内部采取小室多仓的分隔蓄粮方式，仓房之间有厚实的墙体相隔，一旦失火，便于控制火情，防止火势扩大。地面的导水墙也起到了防火墙的作用。

丰图义仓

古代粮仓"神器"——仓印

在铺平的粮食表面，加盖粮仓专用的仓印，平整堆放的粮食表面就会出现凸起或凹陷的印文，以此为封缄标志。这便于出仓时检验粮食是否有扰动痕迹。

漕粮入仓的"神器"——密符扇

军粮经纪验收漕粮，都有持扇上坝查验的习惯，密符扇的符号可防作弊。验粮时，先验成色，看是否潮湿霉坏；二验是否为当年收获的新粮；三验粮食的质量是否达到标准；四验是否混有尘土、稻壳、杂质等。

仓印

密符扇

任务二　行走中的研习

活动一：行走——北京皇家粮仓"南新仓"

地址：北京市东四十条二十二号。

历史价值：全国仅有、北京现存规模最大、现状保存最完好的皇家仓廒，是明清两朝代京都储藏皇粮、俸米的皇家官仓。是京都史、漕运史、仓储史的历史见证。1984年被公布为北京市文物保护单位。

北京皇家粮仓"南新仓"

活动二：胡同寻"仓"

同学们，你们知道北京有哪些胡同是用"仓"命名的吗？

旧时北京以"仓"命名的胡同有六十多条，其名称的来源，不外乎三种。一是源于漕运粮仓；二是源于其他物资的仓库；三是与仓库无关，名称是转音而来。三种来源中，以源于漕运粮仓的为最多。老北京储存各类物资，带"仓"字的胡同有地处西皇城根北街与西四北大街之间的太平仓胡同、位于德胜门内大街西侧的簸箩仓胡同、位于护国寺街南面的护仓胡同、位于阜成门东侧的王府仓胡同等。西单附近的大木仓胡同却不曾有"仓"，而是由"打磨厂"音转而来。

白米仓胡同路牌

西城区大木仓胡同郑王府，现为国家教委办公所在地

请同学们利用周末和节假日，前往北京皇家粮仓和"仓"字胡同，制作研学手记。

活动概况	
活动主题	行走——北京皇家粮仓、胡同寻"仓"。
研学目标	了解北京皇家粮仓、"仓"字胡同的历史发展和文化底蕴。
时间安排	1～2课时。
适合学段	3～6年级。

活动概况				
涉及学科	历史、科学、语文。			
研学方式	参观、走访北京皇家粮仓和带"仓"字的胡同。			
活动设计				

关键问题：1. 计划从这次研学课程探寻到哪些答案？
　　　　　2. 准备怎么实现活动目标？

活动小组人员：

	活动内容			
学前准备	活动计划	出行物品清单		
		出行时间	年　月　日　时　分	
		出行方式		
		路线设计		
		预计返程时间	年　月　日　时　分	
活动实施	目标： 过程：			
学后课	目标完成情况： 其他收获： 经验或建议：			
作品展示	行走手记（文字、绘画、摄影、文创作品等）			

任务三 手工劳作"丰收"任务

以下一系列手工劳作活动，将帮助学生进一步体验入仓这一农事活动，感受丰收的喜悦和农民的辛劳。

活动一：纸制粮仓

活动主题	纸制粮仓	
适用学段	1～2年级。	
材料清单		
	彩色卡纸、彩笔、一把儿童剪刀、双面胶、拉菲草。	
设计导引		1. 设计一个汉字，如"仓"。 2. 查找该汉字的书法写法，选择一种字体（甲骨文、隶书、楷书、行书、草书等）进行文化创作。 3. 起草设计图，搭配颜色、卡通等进行设计。
制作步骤	1. 将卡纸卷成一个桶，制作粮仓整体。	
	2. 制作粮仓盖子。	
	3. 制作粮仓底，组装完成后将拉菲草放入。	
劳动评价	核心素养	主要表现特征。
	劳动观念	积极、愉快地参加劳动。
	劳动能力	熟练完成手工作品。
	劳动习惯和品质	认真完成劳动任务，劳动过程中注意力集中，能规范使用工具，主动整理桌面，将废弃材料投入相应的垃圾桶，保持桌面干净整洁。
	劳动精神	遇到困难努力解决，通过劳动体会劳动人民丰收喜悦。

活动二：五谷丰登

活动主题	五谷丰登		
适用学段	3～6 年级。		
材料清单	用完的矿泉水桶（油桶均可）、一把儿童剪刀、双面胶。		
设计导引			1. 选取五种粮食（如大豆、玉米等）。 2. 起草设计图，可以结合丰收成语、诗句为此命名。
制作步骤	1. 制作漏斗。 2. 根据设计图用卡纸装饰桶身。 3. 将五谷分层用漏斗放入桶中。		
劳动评价	核心素养	主要表现特征。	
	劳动观念	积极、愉快地参加劳动。	
	劳动能力	熟练完成手工品。	
	劳动习惯和品质	认真完成劳动任务，劳动过程中注意力集中，能规范使用工具，能主动整理桌面，将废弃材料投入相应的垃圾桶，保持桌面干净整洁。	
	劳动精神	遇到困难努力解决，对作品品质要求高，通过劳动体会劳动人民的艰辛，更加珍惜粮食。	

活动三：一扁一担

活动主题	一扁一担（初级版）	
适用学段	1～2 年级。	
材料清单	筷子一根、绳子两根、纸杯两个、儿童剪刀一把。	
设计导引		
制作步骤	1. 将绳子按照设计图绑在筷子上。 2. 将绳子另一端固定在水杯上。 3. 加入少量水，验证扁担结实程度。	
劳动评价	核心素养	主要表现特征。
	劳动观念	积极、愉快地参加劳动，养成合作劳动的观念。
	劳动能力	熟练完成手工品。
	劳动习惯和品质	认真完成劳动任务，劳动过程中注意力集中，能规范使用工具，能主动整理桌面，将废弃材料投入相应的垃圾桶，保持桌面干净整洁。
	劳动精神	遇到困难努力解决；对作品品质要求高，通过劳动体会劳动人民艰辛。

活动主题	一扁一担（高级版）		
适用学段	3～6年级。		
材料清单	木棍一根、绳子两根、塑料水桶两个、剪刀一把。		
设计导引			
制作步骤	1.将绳子按照设计图绑在木棍上。 2.将绳子另一端固定在水桶上。 3.加入少量水，验证扁担结实程度。		
劳动评价	核心素养		主要表现特征。
	劳动观念		积极、愉快地参加劳动，养成合作劳动的观念。
	劳动能力		熟练完成手工品。
	劳动习惯和品质		认真完成劳动任务，劳动过程中注意力集中，能规范使用工具，能主动整理桌面，将废弃材料投入相应的垃圾桶，保持桌面干净整洁。
	劳动精神		遇到困难努力解决，对作品品质要求高，通过劳动体会劳动人民的艰辛，培养为班集体劳动意识。

活动四：创意表达——丰收贴画

活动主题	创意表达——丰收粮食贴画		
适用学段	1～6年级。		
材料清单	多种谷物、胶水、镊子，其他辅助工具（勺子、小刷子等）。		
设计导引	根据自己的喜好设计"丰收"图案，并为其设计一副对联。		
成果展示			
制作步骤	将不同颜色的谷物黏在画板上。		
劳动评价	核心素养		主要表现特征。
	劳动观念		积极、愉快地参加劳动，养成合作劳动的观念。
	劳动能力		熟练完成手工品。
	劳动习惯和品质		认真完成劳动任务，劳动过程中注意力集中，能规范使用工具，能主动整理桌面，将废弃材料投入相应的垃圾桶，保持桌面干净整洁。
	劳动精神		遇到困难努力解决，对作品品质要求高，通过劳动体会劳动人民丰收的喜悦。

活动五：丰收作品展览拍卖

每年的 10 月 16 日是世界粮食日，各国政府会围绕粮食生产和农业发展举行纪念活动。这一天，将以上活动的作品进行展览并公益拍卖，为贫困地区孩子送去温暖，非常有意义。

活动主题	丰收作品展览拍卖。
展出地址	校园内。
展品介绍	主要包括展品图片、介绍、价格。
帮扶对象	
活动总结	通过文字、图片、视频等方式进行总结。

三、评价与提升

知

评价维度	评价要素	自评	同伴评	教师评	家长评
诗	诵读诗歌	☆☆☆☆☆	☆☆☆☆☆	☆☆☆☆☆	☆☆☆☆☆
	理解诗意	☆☆☆☆☆	☆☆☆☆☆	☆☆☆☆☆	☆☆☆☆☆
	体味内涵	☆☆☆☆☆	☆☆☆☆☆	☆☆☆☆☆	☆☆☆☆☆
字	了解字体	☆☆☆☆☆	☆☆☆☆☆	☆☆☆☆☆	☆☆☆☆☆
	理解字义	☆☆☆☆☆	☆☆☆☆☆	☆☆☆☆☆	☆☆☆☆☆
	体会内涵	☆☆☆☆☆	☆☆☆☆☆	☆☆☆☆☆	☆☆☆☆☆
书	了解特点	☆☆☆☆☆	☆☆☆☆☆	☆☆☆☆☆	☆☆☆☆☆
	临摹字体	☆☆☆☆☆	☆☆☆☆☆	☆☆☆☆☆	☆☆☆☆☆
	品味欣赏	☆☆☆☆☆	☆☆☆☆☆	☆☆☆☆☆	☆☆☆☆☆
刻	认识阴刻和阳刻	☆☆☆☆☆	☆☆☆☆☆	☆☆☆☆☆	☆☆☆☆☆
	理解"宸翰""太合保和"	☆☆☆☆☆	☆☆☆☆☆	☆☆☆☆☆	☆☆☆☆☆
画	认真观察	☆☆☆☆☆	☆☆☆☆☆	☆☆☆☆☆	☆☆☆☆☆
	整体感知	☆☆☆☆☆	☆☆☆☆☆	☆☆☆☆☆	☆☆☆☆☆
	作品欣赏	☆☆☆☆☆	☆☆☆☆☆	☆☆☆☆☆	☆☆☆☆☆

行

评价任务	评价要素	自评	同伴评	师评	家长评
阅读活动	参与积极	☆☆☆☆☆	☆☆☆☆☆	☆☆☆☆☆	☆☆☆☆☆
	活动过程	☆☆☆☆☆	☆☆☆☆☆	☆☆☆☆☆	☆☆☆☆☆
	图文并茂	☆☆☆☆☆	☆☆☆☆☆	☆☆☆☆☆	☆☆☆☆☆
行走中的研习	参与积极	☆☆☆☆☆	☆☆☆☆☆	☆☆☆☆☆	☆☆☆☆☆
	研学过程	☆☆☆☆☆	☆☆☆☆☆	☆☆☆☆☆	☆☆☆☆☆
	图文并茂	☆☆☆☆☆	☆☆☆☆☆	☆☆☆☆☆	☆☆☆☆☆
手工劳作"丰收"任务	参与积极	☆☆☆☆☆	☆☆☆☆☆	☆☆☆☆☆	☆☆☆☆☆
	制作合理	☆☆☆☆☆	☆☆☆☆☆	☆☆☆☆☆	☆☆☆☆☆
	图文并茂	☆☆☆☆☆	☆☆☆☆☆	☆☆☆☆☆	☆☆☆☆☆

四、思考与总结

1. 通过学习《入仓图》，你有哪些收获？

2. 学习完《入仓图》，《御制耕织图》中耕目部分的课程即将结束，请说一说从耕目的学习中你收获了什么，你对哪幅图最感兴趣？为什么？

3. 在未来的学习中，你还想进一步研究什么？

通过对《入仓图》以及《御制耕织图》耕目中的其他七幅图的学习与实践，我们不仅感受到了古籍的艺术魅力，也更加深刻地理解和体会了中华传统农耕文明的智慧与传承。一代代农民用汗水哺育了中华儿女，造就了华夏礼仪之邦，令中华文明绵延不绝。

拓展阅读

"填仓日"的民俗故事

正月二十五是"填仓日"，东北人叫"天仓日""老填仓"。

正月二十五这天，人们要早起，用灶坑里扒出的灰在庭院里撒上圆形或方形图案，象征粮仓，把五谷杂粮放在仓中，这就叫"填仓"，预示着五谷丰登、粮食满仓；又在仓房点香烛，以祈求谷物满仓；还有在仓库里放钱，用砖头压上，期盼年年有钱。

在这一天出生的孩子，小名有叫"仓子""满仓"或"满囤"的，祝愿孩子长大后丰衣足食，吃喝不愁。

浴 蚕

《浴蚕图》

　　《浴蚕图》是《御制耕织图》织目的第一幅图。浴蚕，意为浸洗蚕子，将蚕种用温水清洗，以催它快出。浴蚕是一种养蚕的育种方法，也是一项提高蚕种质量的技术措施。"千淘万漉虽辛苦，吹尽狂沙始到金"，智慧勤劳的劳动人民经过"千淘万漉"才能筛选出好的蚕种，当然，对于蚕种本身而言，也要经受得住这"千淘万漉"的考验，才能实现自身的价值。蚕的一生是短暂的，但却是有价值的，当我们去体验那份"经历"时，也能得到"吹尽狂沙始到金"的畅快之感。

目标导引

1.通过学习古诗和文字演变，感受浴蚕的艰辛和乐趣，体会其中"以农立国"的思想和文化内涵。通过识画、欣赏书法、印章，形成发现、感知、欣赏美的意识。

2.能积极了解关于浴蚕的知识，乐于参与各项有关实践活动，巩固有关浴蚕的劳动技能和知识。

续表

阶段安排				
知				
学段	画	诗	字	书	刻
幼儿	能借助观察提示，尝试说出在《浴蚕图》中观察到的具体内容。	能有感情地朗读《浴蚕图》中的两首诗歌，尝试体会诗歌蕴含的农耕文化。	能感受认识"蚕"字的不同字体，初步感受中华书法之美。	感受行书的魅力。	知道图中印章的具体内容，尝试认识阴刻和阳刻。
1～2年级	能借助观察提示，说出在《浴蚕图》中观察到的具体内容。能借助资料，欣赏《洛神赋图》的美，尝试说自己的感受。	能有感情地朗读《浴蚕图》中的读诗歌，体会诗歌蕴含的农耕文化。	认识"蚕"字的不同字体，感受中华书法之美。能用自己的话说出蚕的本义和延伸义，能联系现实生活理解"蚕"的意思。	能选择自己喜欢的字体尝试临摹。通过作品欣赏，知道苏轼的《寒食帖》被称为"天下第三行书"的原因。	知道图中印章的具体内容。能清楚辨别阴刻和阳刻。
3～4年级	能借助观察提示，说出在《浴蚕图》中观察到的具体内容，并能说出图中的人和事物给自己留下的印象。能借助资料，欣赏《洛神赋图》的美，了解相关知识，说出自己的感受。	能有感情地朗读《浴蚕图》中的诗歌，体会其中蕴含的农耕文化。能大致理解诗意，体会诗歌中包含的"以农立国"的思想，以及"浴蚕"的意义。	能辨别"蚕"字的不同字体，感受中华的书法魅力。尝试结合诗句理解"蚕"字的不同意思。尝试结合资料体会"蚕"字中包含的文人的情感。	能选择自己喜欢的字体临摹。借助资料，能大致说出行书的特点。通过资料，初步感受行书中蕴含的作者的情感。尝试从题材内容、思想情趣和笔墨技巧三个方面对画进行简单的分析。	知道图中印章的具体内容。能清楚辨别阴刻和阳刻。能尝试借助资料，说出宸翰、保合太和等词语的内涵。
5～6年级	能借助观察提示，说说在《浴蚕图》中观察到的具体内容，并能谈一谈图中的人事物给自己带来的感受，能借助资料，欣赏《洛神赋图》的美，了解相关知识，总结相关技巧，说出自己的感受。从题材内容、思想情趣和笔墨技巧三个方面对画进行简单的分析。	能有感情地朗读诗歌，体会其中蕴含的农耕文化。能理解诗意，结合资料深入体会诗歌中包含的"以农立国"的思想以及"浴蚕"的意义。能结合资料，用自己的话说出诗歌的意思。能借助资料，了解"浴蚕"的意义和演变，体会诗歌在表达情感、传承文化中的独特作用。	能辨别"蚕"字的不同字体，并能借助《说文解字》说出蚕字的来源及字体演变的过程。能结合诗句理解"蚕"字的不同意思，并能说出一两句相关诗歌。能结合资料体会"蚕"字中包含的文人的情感，感受"蚕"的文化内涵。	能选择自己喜欢的字体临摹。借助资料，能较准确地说出行书的特点。通过资料感受行书中蕴含的作者的情感，从而体会书法在表达情感、传承文化中的独特作用。	知道图中印章的具体内容。能清楚辨别阴刻和阳刻。能借助资料，说出宸翰、保合太和等词语的内涵。

续表

阶段安排

行	
幼儿阶段	动手用超轻黏土做"蚕宝宝"，培养动手意识。
1～2年级	
3～4年级	学习养蚕知识，掌握相关养蚕技巧，写好观察记录，做到持续性观察培养观察意识。
5～6年级	查阅资料，能结合资料开展有关蚕的研究，写好研究报告，培养探究意识。

实施
计划分为4课时。 第1课时：导入、讲解"画""诗""字"的内容。 第2课时：结合历史、科学等学科讲解"书""刻"部分的内容，并做好"行"的知识导入，为第3～4课时做准备。 第3～4课时：完成"行"部分的各项活动并进行总结。

课程评价		
知		
画	认真观察	仔细观察古图中的人物、衣着、建筑以及劳动形式，整体感知古画所展现的古代劳动环境。
	整体感知	
	作品欣赏	
诗	诵读诗歌	能够借助注释理解诗意，从初步感知诗歌，到能够简单读通诗歌，再到完全理解诗中情感吟诵诗歌，从而体会诗人之意、诗人之感。
	理解诗意	
	体味内涵	
字	了解字义	对字体进行解构，探究字体的演变，正确理解字义，通过诗里乾坤感受古人对该字的深刻情感。
	理解字义	
	体味内涵	
书	了解特点	知道了解行书特点。
	品味欣赏	欣赏苏轼的《黄州寒食诗帖》。
刻	认识阴刻和阳刻	正确认识阴刻和阳刻，并能区分阴刻和阳刻。
行		
我手中的"蚕宝宝"	用超轻黏土做"蚕宝宝"。	

续表

课程评价	
我是养蚕人	学习养蚕知识，掌握相关养蚕技巧，写好观察记录，做到持续性观察。
我是小小研究员	查阅资料，能结合资料开展有关蚕的研究，写好研究报告。

一、知

中国古人在养蚕之前，会将蚕种放入水中浸洗，以此来选择好的蚕卵，这种行为被称为"浴蚕"。

相关典籍记载：

茧种为先，开簇时先将好茧择出，于净箔上薄摊开，日数至自然生蛾。若有拳翅、秃眉、焦尾、赤肚、无毛等蛾，拣去不用，止留无病者，匀布连上。生子既足，待二三日移蛾下连，至十八日后早辰汲井水浴一次，浸去蛾便溺毒气。夏秋于通风凉房内，连背相靠钓挂。至十月内卷收于无烟净屋内顿放。腊八日依前浴，毕于中庭用竿高挂，以受辰精月华之气。

——元·鲁明善《农桑衣食撮要》

凡蚕用浴法，惟嘉、湖两郡。湖多用天露、石灰，嘉多用盐卤水。每蚕纸一张，盐仓走出卤水二升，掺水于盂内，纸浮其面（石灰仿此）。逢腊月十二即浸浴，至二十四，计十二日，周即漉起，用微火烘干。从此珍重箱匣中，半点风湿不受，直待清明抱产。其天露浴者，时日相同。以篾盘盛纸，摊开屋上，四隅小石镇压。任从霜雪、风雨、雷电，满十二日方收。珍重待时如前法。盖低种经浴，则自死不出，不费叶故，且得丝亦多也。晚种不用浴。

——明·宋应星《天工开物·乃服》

凡浴蚕种，须于腊日，用长流水煎温，放在极净磁器内，水中洒石灰少许，将蚕种在水中浴半顿饭时。浴讫，在无烟之风凉房内，将蚕种挂在绳上。至清明节前，再如前浴，水中可加芳草花卉，若遇天气炎热，于午未间将蚕种铺在凉房净地上，申时仍挂起。

——清·张行孚《蚕事要略》

（一）画

查一查清朝画作的特点，从复古和创新两种趋向，在题材内容、思想情趣、笔墨技巧等方面解读一下《浴蚕图》。

浴蚕图	
题材内容	
思想情趣	
笔墨技巧	

请仔细观察，下图中有哪些人？他们分别在做什么？

下面两幅图中的人用到了哪些劳作工具？你能猜到这些工具用来干什么吗？

从下图中你还观察到哪些事物？它们给你带来怎样的感受？

《御制耕织图》中共有五幅图只有女性角色，图中所绘的女性人物情态轻松自然，娴静温婉，你能结合资料和自己的阅读经验，试着将其余四幅图补充完整吗？

东晋画家顾恺之在画史上声名显赫，他特别擅长人物肖像画，也画了很多女性主题的作品，比如《女史箴言》《列女仁智图》，还有被视为中国十大传世名画之一的《洛神赋图》。

拓展知识

《洛神赋图》

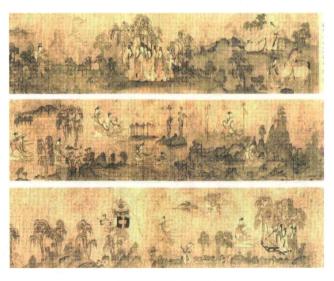

《洛神赋图》（局部）

在《洛神赋图》中，洛神手持拂尘，衣带飘飘，神态从容，她似来又去，脉脉含情，表现出一种可望而不可即、无限惆怅的情景。

人物——"传神"

顾恺之认为，作画要以神为中心，写形只是为了达到传神的目的。

在《洛神赋图》"洛神离去""子建追神"的部分，船驶过的地方浪涛翻滚，洛河水突然变得汹涌澎湃，观者也似乎能听到咆哮的水声，并感受到主人公不舍的情愫和焦急的心情。

《洛神赋图》（局部）"子建睹神"

《洛神赋图》（局部）"洛神离去"

山水——人大于山、水不容泛

《洛神赋图》中的人物比山水还大，水没有波涛汹涌的感觉，看似不能载舟。

画面中的人物、鸟兽、草木、山水，虽然并未用写实的笔法，但却仍然栩栩如生。特别是画中的山石、树木，风格古拙、结构简单，一座座山峰排列得就像金花装饰的犀角梳子，即所谓"群峰之势，若钿饰犀栉"。

《洛神赋图》中的山石、树木

《洛神赋图》中的水

（二）诗

康熙赋诗

识文

川 种 先 传 考 雨 初 篇 着 豳
向 宜 礼 公 天 兴 蚕 授 风
晴 浴 制 桑 更 桑 谷 事 衣 曾

吟诵

豳风①曾着授衣篇，
蚕事初兴谷雨天。
更考公桑传礼制，
先宜浴种向晴川。

注释

① 豳（bīn）风：是《诗经》十五国风之一，共七篇，为先秦时代豳地华夏族民歌。其中多描写公刘封地——豳地的农家生活，辛勤劳作的情景，是中国最早的田园诗。

简析

诗中写的是桑女的劳顿，而且表现出诗人对蚕桑农事的熟悉。《豳风》中曾经提到织衣的辛劳，蚕事应当从谷雨时就开始准备了，更应当学习先人的礼法制度，先从浴蚕开始。从诗歌中，我们可以看出康熙对农桑事业极为重视，他不仅深知"以农立国"的根本意义，更是身体力行，切实付之实施。

楼璹题咏

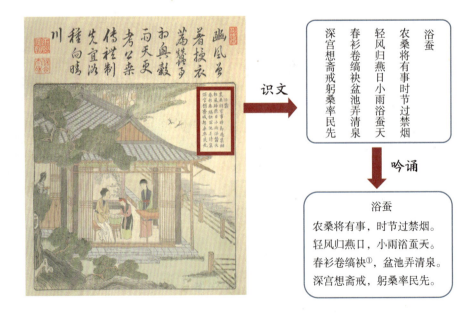

识文

浴蚕
农桑将有事时节过禁烟
轻风归燕日小雨浴蚕天
春衫卷缟袂盆池弄清泉
深宫想斋戒躬桑率民先

吟诵

浴蚕
农桑将有事，时节过禁烟。
轻风归燕日，小雨浴蚕天。
春衫卷缟袂①，盆池弄清泉。
深宫想斋戒，躬桑率民先。

① 缟袂（gǎo mèi）：基本意思为白衣；亦借喻白色花卉，如梅花。

简析

　　本诗描述的浴蚕时节为春日小雨天，轻风拂过，燕子翻飞时，可见浴蚕是在初春时节进行的。女子们纷纷卷起衣袖，准备好盆池，盆中备有清澈的泉水。在平常百姓家准备浴蚕的同时，久居深宫的皇后、嫔妃们率先开始浴蚕了。其中"斋戒"二字恰恰体现了"浴蚕"中包含的神圣的敬畏天命的意义。

　　在古人看来，浴蚕首先是一种神圣的信仰仪式，渗透着原始图腾崇拜的意义。"浴蚕"发展到北魏以后，有了科学意识的萌芽，人们知道通过这一行为，可以促进蚕的胚胎发育。

　　唐代诗人王建描绘出了淳朴山村里女子们相唤而行的画面："妇姑相唤浴蚕去，闲着中庭栀子花"，在这淳朴的山村里，妇姑相唤而行，显得多么亲切，她们彼此招呼，似乎不肯落在别家之后。田家少闲月，冒雨浴蚕，就把倍忙时节的农家气氛烘托得更加浓厚，同时也把农家女子热爱劳作、热爱生活的情感表现得淋漓尽致。

月黑林间逢缟袂，霸陵醉尉误谁何。

　　　　　　　　　　　　——宋·苏轼《次韵杨公济奉议梅花诗》

关山梦别今五年，缟袂谁家月中见。

　　　　　　　　　　　　　　——明·高启《幻住精舍寻梅》

公子褐裘来，美人缟袂迎。

　　　　　　　　　　　　　　　——清·赵翼《种梅图》

月窟仙人缝缟袂，秋闺怨女拭啼痕。

　　　　　　　　　　——清·曹雪芹《红楼梦》第三十七回

茅檐少春事，惟记浴蚕时。

　　　　　　　　　　　　　——宋·范成大《衡阳道中》

莺啼花落过江南，溪上人家尽浴蚕。

　　　　　　　　　　　　　　——明·王叔承《宿丝溪》

"浴蚕"的意义演变

据《周礼》"禁原蚕"注引《蚕书》："蚕为龙精，月值大火（二月）则浴其种。"可见，在古人看来，浴蚕首先是一种神圣的信仰仪式，渗透了原始图腾崇拜的意义。"浴蚕"发展到北魏以后，有了科学意识的萌芽，通过这一行为，可以促进蚕的胚胎发育。

浴蚕是在什么季节？

据《周礼》"禁原蚕"注引《蚕书》："蚕为龙精，月值大火（二月）则浴其种。"可见，浴蚕时正值二月。

据《天工开物》记载："逢腊月十二即浸浴，至二十四，计十二日，周即漉起，用微火烘干。"意思是，每逢腊月开始浸种，从腊月十二日到该月二十四日，共浸浴十二天。

也有一些诗歌提到了浴蚕的时节，"桃花落后蚕齐浴，竹笋抽时燕便来"，谷雨是春季最后一个节气，谷雨前后，桑叶已经长成了，正是开始养蚕的好时候。这种说法与《御制耕织图》提到的浴蚕时节是相似的。

（三）字

浴（yù）

| 甲骨文 | 战国 | 小篆 | 隶书 | 楷书 |

"浴"本为会意字。甲骨文从人、从皿，人身上的四个点表示水，会人在盆中洗身之意。小篆改为从水、谷声的形声字，"浴，洒身也。从水，谷声。"（《说文·水部》）"隶变"后楷书写作"浴"。

"浴"的本义为洗澡，如"新沐者必弹冠，新浴者必振衣。"（《楚辞·渔父》）。引申义有：①洗涤，"圉人浴马，有流矢在白肉。"（《礼记·檀弓上》）②浸泡、浸染，"久浴文化，则渐悟人类之尊严。"（鲁迅《坟·文化偏至论》）③鸟飞忽上忽下（动词），"黑鸟浴，黑鸟者何也？乌也。浴也者，飞乍高乍下也。"（《大戴礼记》）

"沐""浴""盥""洗"

关于我国的沐浴历史，可追溯到 3000 多年前的殷商时期。在古汉语中，"沐""浴""盥""洗"分别代表不同的意思，这在甲骨文中有很直观的诠释。

[mù] 沐

甲骨文中的"沐"

沐：在古文中的意思指的是"洗头"，从甲骨文上能看出是一个人弯着腰，将头发浸入到一个装水的容器中

[yù] 浴

甲骨文中的"浴"

浴：在古文中的意思指的是"洗澡"，从甲骨文上能看出是一个人站在有水的盆里

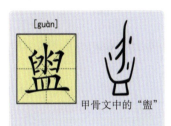

[guàn] 盥

甲骨文中的"盥"

盥：是会意字，在古文中的意思指的是"洗手"，从甲骨文的"盥"像是一只手放进了盛水的器皿里

[xǐ] 洗

甲骨文中的"洗"

洗：在古文中的本意其实单指的是"洗脚"，在甲骨文中将"足"的四周加上四个"点"，表示将脚泡在水里

蚕（cán）

甲骨文	小篆	隶书	楷书	简体

　　"蚕"的甲骨文是象形字，字形像蜷曲的虫子。篆文另造会义兼形声字，上半部是声旁朁（cǎn），又表示发髻，下半部的"虫"是形旁，二者结合表示大量的虫子如蓬松卷曲的发髻。简体字另造会义字"蚕"：天有"上苍、神、道"之意，表示蚕是天赐的"神虫"。

　　"蚕"的本义是一种能吐丝结茧的昆虫，如"子规啼彻四更时，起视蚕稠怕叶稀。"（宋·谢枋得《蚕妇吟》）"遍身罗绮者，不是养蚕人。"（宋·张俞《蚕妇》）

　　引申义有：①养蚕的工作，如"罗敷善蚕桑。"《乐府诗集·陌上桑》"乡村四月闲人少，才了蚕桑又插田。"（宋·翁卷《乡村四月》）②养蚕，如"蚕耕"是指"养蚕和耕作"，"其耕而食，蚕而衣，亦天之道也。"（《晋书·慕容皝载记》）"一大耕，一妇蚕，衣食百人，欲储蓄有余，安可得乎。"（《新唐书·韩思彦传》）③逐步侵占，如"荆人不动，魏不足患也，则诸侯可蚕食而尽，赵氏可得与敌矣"（《韩非子·存韩》）"吏不政兮，胥为民蚕；政不绳兮，官为胥醢。"（唐·刘蜕《悯祷辞》）④蚕每次蜕皮前不食不动，像睡眠一样，如"几处折花惊蝶梦，数家留叶待蚕眠。"（唐·包何《和程员外春日东郊即事》）

拓展知识

古代用蚕吐出的丝来制作丝绸衣物，所以蚕丝在古时是重要的资源，这也恰恰体现了浴蚕的重要性，蚕也因此成了奉献精神的化身。古往今来的文人不仅赞美蚕的精神，也常常借"蚕"来表达自己的深情。一起看看以下诗篇分别包含了作者怎样的情感。

赞美

物亦有仁者，蚕功不可量。将身甘鼎镬，与世作衣裳。

——宋代·戴表元《咏蚕》

【译文】不管什么物种都是有仁义的，蚕的功劳就无法估量。它心甘情愿地将自己的身体当作器皿，为世人做衣裳。

相思

春蚕到死丝方尽，蜡炬成灰泪始干。

——唐·李商隐《无题》

【译文】春蚕结茧到死时丝才吐完，蜡烛要燃尽成灰时像泪一样的蜡油才能滴干。

怀念

《春蚕》是著名作家巴金回忆母亲养蚕的一篇文章。作者用饱含深情的笔触记叙了母亲为供儿女读书而辛苦养蚕的往事，表达了作者对母亲的无限爱意和怀念之情。请课下仔细阅读此篇文章。

（四）书

《御制耕织图》中康熙赋诗采用行书。行书与楷书不同，不强调法度的严谨齐整，反而追求当下的随兴与意外，把艺术创作里不受刻意控制的情感流露作为重点，让书法线条随心情变化自由发展。有点像苏轼所说，写作时"如行云流水，行于所当行，止于所不可不止。"苏轼最著名的《黄州寒食诗帖》，被称誉为"天下行书第三"。

《黄州寒食诗帖》

苏轼说自己的书法是"石压蛤蟆体"——是被石头压死的癞蛤蟆的风格。"卧""闻"二字正是"石压蛤蟆"，扁平、难堪、破烂，然而那难堪、破烂，或许正是诗人亲身体验和要讲述的人生，正是诗人要讲述的人。

"花"与"泥"两字，细看有牵丝纠缠，是"花"的美丽，又是"泥"的低卑，苏轼正在体会生命从"花"转为"泥"的领悟。爱"花"的洁癖，爱"花"的固执，要看到"花"坠落"泥"中，或许才能有另一种豁达。

"欲""入"两字都如散仙醉僧，步履踉跄，似斜而正，欲倒又起。线条看来轻软不用力，却是"棉中裹铁"，看来潇洒自适、豁达无为的苏轼，内在还有这么深的隐藏着的悲苦、坚持、顽强、对抗与愤怒。

——摘自蒋勋《汉字书法之美》

请尝试临摹《浴蚕图》中的康熙赋诗。

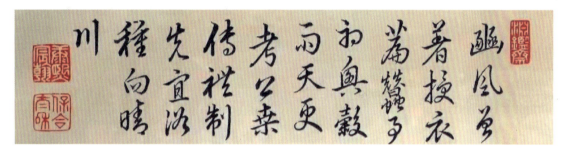

（五）刻

阴刻与阳刻都是我国传统刻字的两种基本刻制方法，是一种独特的雕刻方式，主要用于篆刻、印章、剪纸等。简单来说，阴刻的章印出来是白字红底，阳刻是红字白底。

国画大师齐白石不仅绘画精通，在篆刻方面也是大师。下面一起来欣赏他的两幅篆刻作品，并说说哪个是阴刻，哪个是阳刻。

齐白石最常用的"白石"一印，本来"白"字不应该有一斜笔，但那样的话这方印的留空就很死板，"白"这一斜笔造成二字的嵌合，印面空间顿活。

"悬忍"印两字并列，每字呈竖长形，这样的文字排布往往造成竖笔被分外突出出来。齐白石常用悬针线型，在两字印中很容易竖向过于舒展犀利。在这种情况下，通过穿插以横笔敛其竖势，以避免两字中竖向

"白石"印

"悬忍"印

过于犀利。

以下这三枚印章，分别是哪一种刻法？

二、行

浴蚕作为中国古代养蚕的一种育种方式，不但饱含着先人对自然神明的敬畏，更是古代先人独有智慧的体现。虽然像浴蚕这样的很多传统技法已经在时代浪潮中离我们渐渐远去，但是我们可以通过参与一些实践活动去试着触摸它们，感受传统农耕文化中蕴含的纯良质朴的生态观和人生观。

 我手中的"蚕宝宝"

适合学段：幼儿阶段、1～2年级。

请在家人或老师的帮助下，用超轻黏土做"蚕宝宝"，在手工活动中感受蚕的可爱。可按照以下活动步骤进行，也可以充分发挥自己的创造力，做出更逼真的"蚕宝宝"。

用超轻黏土做"蚕宝宝"			
材料工具： 剪刀，黑色签字笔，白色、绿色超轻黏土，小型纸盒，钢尺，圆柱体工具。			
第一步	做桑叶。	用圆柱体工具把绿色超轻黏土擀压成薄片。	
		把薄片分割成一小块一小块的。	
		用剪刀剪出叶子的形状。	
		用钢尺在叶子的表面压出纹路。	
		用剪刀在叶子边缘，做出锯齿状。	
		用相同的方法多做几片叶子。	

续表

		用白色黏土搓出圆形小颗粒。	
第二步	做"蚕宝宝"。	把大约 8 颗圆形小颗粒粘在一起，这就是"蚕宝宝"的身体。	
		用灰色小圆黏土做"蚕宝宝"的嘴巴。	
		用黑色签字笔画出蚕眼睛。	
		可以用相同的方法，改变圆形颗粒的大小，做出大大小小的"蚕宝宝"	
第三步	把桑叶和"蚕宝宝"依次放入盒子，摆出可爱的造型。		

任务二　我是养蚕人

适合学段：3 ～ 4 年级。

蚕的一生究竟是怎样度过的呢？其实，蚕从卵孵化，经过生长，吐丝结茧，变化成蛾，然后产出卵，最后死亡，时间非常短暂，但我们在养蚕的过程中，需要学习的科学知识却是那么丰富，我们一起来体验吧。

活动准备

基本知识

温度及湿度要求：孵化温度在 26 ～ 28 ℃，养蚕温度在 20 ～ 28 ℃，相对湿度是 75%。

喂养要求：保证桑叶新鲜、干净。不同时期采取不同的喂养方法。喂养蚁蚕时，要选用绿中带黄的嫩桑叶，喂养幼蚕时，要选用较嫩的桑叶，蚕长大后可适当选用较老的桑叶喂养。

注意事项：预防农药中毒，桑叶上都会喷洒农药，要在喂食前，确认无毒才能给蚕吃。夏季要经常开窗通风，室内要装好降温的措施。病蚕要及时清理，由于生病等原因死掉的蚕，一定要做到及时清理，也不要将其给家中的禽畜食用，防止病原体的传播。避免其他物种侵害蚕，养蚕的屋子内要保持清洁，不要在屋内乱堆物品和一些易生虫的谷类物品等，保证屋内不能有其他虫类，以免对蚕的成长有害。

自主搜集饲养蚕的小技巧

请把搜集到的资料粘贴在下面的方框内。

自主观察记录

迎接蚕的到来

活动	具体内容
观察蚕卵的大小、形状、颜色等，将观察结果记录下来。	
记录蚕出生的日期和样子。（可以用图画进行记录）	

蚕长大了

活动	具体内容				
用放大镜观察蚕的幼虫和它的食物，填写观察记录表。	日期	体长（毫米）	它的样子（用图画记录）	生长需要（食物、温度等）	其他发现

观察蚕吐丝的过程，用图画记录下来。	
资料补充：	

蚕的幼虫的生长

蚕生长到一定阶段，会长出新皮，换下旧皮，即蜕皮。蚕蜕皮前不吃也不动，好像睡着了一样，称作"眠"。从蚁蚕到吐丝结茧，蚕共需蜕 4 次皮。

蚕变了新模样

活动	具体内容
描述观察到的蚕吐丝结茧的过程。	
轻轻剪开蚕茧，借助放大镜观察蚕蛹。（可以用图画的方式）	如： 我观察到的蚕蛹 日期：

资料补充

蚕茧
蚕在化蛹前，会"制造"出一个包围其身体的、大部分由丝组成的外包层，它就在其中化蛹。

蚕蛹
蚕蛹是蚕吐丝做茧后在茧中变成的蛹虫。

蚕中钻出了蚕蛾

活动	具体内容
观察蚕蛾，画出蚕蛾的样子。	
比较蚕蛾和蚕蛹。	头 胸 腹

资料补充：

蚕蛾身体分为头、胸、腹三部分，头上有一对触角，胸部有三对足，具有这种身体结构的动物是昆虫。

汇报总结：蚕的一生

展示蚕的生长变化情况，可采用视频、照片、图画、观察记录表等形式，选择最精彩的一部分粘贴在方框内。

算算蚕的一生。

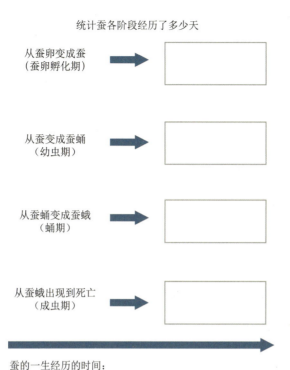

统计蚕各阶段经历了多少天

从蚕卵变成蚕
（蚕卵孵化期）

从蚕变成蚕蛹
（幼虫期）

从蚕蛹变成蚕蛾
（蛹期）

从蚕蛾出现到死亡
（成虫期）

蚕的一生经历的时间：

小 提 示

蚕的一生每个阶段的外部形态各不相同。

从蚕卵中破壳而出，到蚕蛾死亡，蚕的一生大约为 56 天。

任务三 我是小小研究员

适合学段：5 ~ 6 年级

浴蚕是养蚕之始，凝结着古人的智慧。通过养蚕，我们可以亲身体验自然和科学的魅力，接下来，我们还要对蚕进一步探究，体会探索未知世界的乐趣。

下面为大家提供了一些研究蚕的不同方面，请任意选择一个方面开展研究，并用研究报告的形式把研究结果呈现出来。

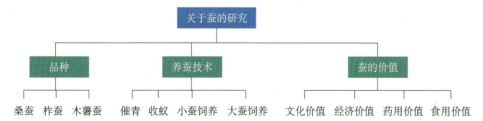

关于蚕的研究

品种　　　养蚕技术　　　蚕的价值

桑蚕　柞蚕　木薯蚕　　　催青　收蚁　小蚕饲养　大蚕饲养　　　文化价值　经济价值　药用价值　食用价值

关于蚕（　　）的研究报告
问题的提出
研究方法
资料整理
研究结论

三、评价与提升

知

评价项目	评价要素	自评	同伴评	师评	家长评
诗	诵读诗歌	☆☆☆☆☆	☆☆☆☆☆	☆☆☆☆☆	☆☆☆☆☆
	理解诗意	☆☆☆☆☆	☆☆☆☆☆	☆☆☆☆☆	☆☆☆☆☆
	体会内涵	☆☆☆☆☆	☆☆☆☆☆	☆☆☆☆☆	☆☆☆☆☆
字	了解字体	☆☆☆☆☆	☆☆☆☆☆	☆☆☆☆☆	☆☆☆☆☆
	理解字义	☆☆☆☆☆	☆☆☆☆☆	☆☆☆☆☆	☆☆☆☆☆
	体味内涵	☆☆☆☆☆	☆☆☆☆☆	☆☆☆☆☆	☆☆☆☆☆
书	了解特点	☆☆☆☆☆	☆☆☆☆☆	☆☆☆☆☆	☆☆☆☆☆
	临摹字体	☆☆☆☆☆	☆☆☆☆☆	☆☆☆☆☆	☆☆☆☆☆
	品味欣赏	☆☆☆☆☆	☆☆☆☆☆	☆☆☆☆☆	☆☆☆☆☆
画	认真观察	☆☆☆☆☆	☆☆☆☆☆	☆☆☆☆☆	☆☆☆☆☆
	整体感知	☆☆☆☆☆	☆☆☆☆☆	☆☆☆☆☆	☆☆☆☆☆
	作品欣赏	☆☆☆☆☆	☆☆☆☆☆	☆☆☆☆☆	☆☆☆☆☆
刻	认识阴刻和阳刻	☆☆☆☆☆	☆☆☆☆☆	☆☆☆☆☆	☆☆☆☆☆
	理解"宸翰""太合保和"	☆☆☆☆☆	☆☆☆☆☆	☆☆☆☆☆	☆☆☆☆☆

行						
评价项目	评价要素	自评	同伴评	师评	家长评
我手中的"蚕宝宝"	参与积极	☆☆☆☆☆	☆☆☆☆☆	☆☆☆☆☆	☆☆☆☆☆
	制作逼真	☆☆☆☆☆	☆☆☆☆☆	☆☆☆☆☆	☆☆☆☆☆
	动手意识	☆☆☆☆☆	☆☆☆☆☆	☆☆☆☆☆	☆☆☆☆☆
我是养蚕人	参与积极	☆☆☆☆☆	☆☆☆☆☆	☆☆☆☆☆	☆☆☆☆☆
	观察过程	☆☆☆☆☆	☆☆☆☆☆	☆☆☆☆☆	☆☆☆☆☆
	图文并茂	☆☆☆☆☆	☆☆☆☆☆	☆☆☆☆☆	☆☆☆☆☆
我是小小研究员	参与积极	☆☆☆☆☆	☆☆☆☆☆	☆☆☆☆☆	☆☆☆☆☆
	研究报告	☆☆☆☆☆	☆☆☆☆☆	☆☆☆☆☆	☆☆☆☆☆
	探究意识	☆☆☆☆☆	☆☆☆☆☆	☆☆☆☆☆	☆☆☆☆☆

四、思考与总结

1. 通过学习《浴蚕图》，你对蚕育种的方法有哪些了解？

2. 除《浴蚕图》外，你还对哪幅图最有兴趣？你还想了解哪些关于耕织的知识？

本节课程从"知"和"行"两个方面来展开学习。从"知"的方面来看，我们从"诗"中体会了"浴蚕"的文化内涵；从"字"中感受了"蚕"字的字源演变；从"书"中品味了汉字的书法之美；从"刻"中欣赏了古代中国的艺术创造。从"行"的方面来看，我们更是身体力行地感受了古代农耕文明的魅力。

我们的先人要经过千遍万遍过滤，历尽千辛万苦，才能最终筛选出好的蚕种。我们的学习同样要经历"千淘万漉"的过程，相信你一定会感受到了"吹尽狂沙始到金"的畅快！

采 桑

《采桑图》

我们常说的"劝课农桑"是什么?

在中国古代,立冬日迎春,祈求丰收,是上到天子下到庶民都必须参加的一项活动。在立春当日,天子亲率诸侯大夫去东郊迎春。迎春过后,天子还会亲自到他的"一亩三分地"耕地松土,以示重农劝稼,祈盼丰年。

天子亲耕就是一种劝课农桑的表演式活动。"劝"和"课"是勉励和督促的意思,"桑"指养蚕采丝,劝课农桑是政府鼓励农业生产,以提高国力的重要做法。

"桑"就是"劝课农桑"中的桑。桑是蚕唯一的食物,桑树常常带有故乡的味道。对蚕来说,桑是归回,"狗吠深巷中,鸡鸣桑树颠",对人来说也是一样的。本节一起走进"桑梓之地"背后的采桑劳作,感受采桑背后熏染的浓浓的"桑梓之情"。

《采桑图》是"织目"的第七图,承"分箔"启"上簇",主要描绘了小满时节农民采桑的情景,表达了对劳动人民的赞美之情。

目标导引
1.通过《采桑图》感知农耕文明,通过书法、名篇、诗歌感受文字的美好,与古人进行对话,体会劳动的美。 2.初步认识古代农业生产工具,了解采桑劳动环节。

续表

目标导引
3. 能够将所学知识运用于实际生活和学习中，培养计划和整理的能力与意识。
4. 体会劳动者的艰辛，增加对农业劳动的关注，培养能劳动、会劳动、爱劳动的优秀品质与传统美德。在劳动中发现美、培育美、创造美。

阶段目标	
幼儿阶段	体会农民采桑的喜悦，感受劳动的艰辛。
1～2年级	体会农民采桑的喜悦，感受劳动的艰辛，培养学生热爱劳动的情感和习惯。
3～4年级	通过采桑这一劳动过程，拓展延伸桑叶的意义，明白劳动的意义，养成良好的劳动习惯。
5～6年级	培养学生的劳动观，理解桑梓之地的内涵，形成知礼节的价值观，体会劳动生活的真正意义，为我们生活和学习服务。

知					
学段	画	诗	字	书	刻
幼儿阶段	认识《采桑图》中的劳动工具。	诵读《采桑图》中的诗歌，简单了解诗词描绘的场景。	追根溯源中感受有趣的文字。	了解行书特点。	通过图片认识阴刻和阳刻。
1～2年级	认识《采桑图》中的劳动工具和劳动场景。	诵读《采桑图》中的诗歌，了解诗词大意。	在追根溯源中了解有趣的汉字。	了解行书特点，初步赏析名家书法。	认识阴刻和阳刻，初步了解刻法，学习盖章。
3～4年级	认识《采桑图》中的劳动工具和劳动场景，了解画中人物的采桑活动。	诵读诗词，借助注释翻译诗词大意。	在象形字、字形演变、字义、诗意中体会汉字的历史演变。	了解行书特点，进一步赏析名家书法，尝试临摹。	认识阴刻和阳刻，基本了解刻法，学习盖章。
5～6年级	认识《采桑图》中的劳动工具和劳动场景，了解画中人物的采桑活动。	记诵名句、借助注释且用较有美感的语言翻译大意。	读字、品字、赏字。	了解行书特点，深入赏析名家书法，进行临摹。	认识阴刻和阳刻，深入了解刻法，学习盖章。

行	
幼儿阶段	认识桑叶，寻找生活中的桑叶，正确分辨桑树及桑叶。
1～2年级	能正确分辨桑树及桑叶，制作桑叶裙，尝试养蚕，参观有关博物馆。
3～4年级	能正确分辨桑树及桑叶，制作桑叶裙，能够养蚕，尝试做桑叶茶，参观有关博物馆。
5～6年级	能正确分辨桑树及桑叶，制作桑叶裙，能够养蚕，能够做桑叶茶，参观有关博物馆和养蚕基地。

实施建议
计划分为5课时。
第1课时：通过"画""诗""字""书""刻"整体感知《采桑图》。
第2～3课时：结合第1课时所讲解的"画""书""刻"部分的内容，带领学生进行"桑"体验、"蚕"体验等活动，家、校联动，深入感知，在实践中加深对前面所学知识的理解与认同。
第4～5课时：开展"行走中的研学""活动"，指导学生开展劳动课程任务，开展家、校、社三位一体活动。

课程评价			
知	诗	诵读诗歌	有感情地进行吟诵，借助注释理解诗意，全面体会诗歌韵味。
		理解诗意	
		体味内涵	
	字	了解字体	对字体进行解构，正确理解字义，通过诗词进一步感知采桑的内涵。
		理解字义	
		体味内涵	
	书	了解特点	充分了解行书特点，正确临摹字体，品味书法之美。
		临摹字体	
		品味欣赏	
	刻	认识阴刻和阳刻	正确分辨阴刻和阳刻，了解康熙书斋名及文化内涵。
		理解含义	
	画	认真观察	认真观察古画中的人物、工具、场景，整体感知古画内容和风格，从内容、色彩、构图等角度赏析古画。
		整体感知	
		作品欣赏	
行	"桑"体验	参与积极	了解采桑的劳动过程与技术，认真记录学习过程，进行学习反思，借助图、文、视频进行记录。
		活动过程	
		图文并茂	
	"蚕"体验	参与积极	积极参加研学活动，独立完成研学日记，在研学活动中体会养蚕、采桑的意义。
		研学过程	
		图文并茂	

一、知

齐白石《蚕桑图》

　　齐白石的《蚕桑图》绘有四只正在啃食桑叶的春蚕，其中三只各安一方啮住一片叶子，叶子中段几被蚕食殆尽，三只蚕看似随意安排，实则组成了一个稳定的三角形；右上方另一只蚕则独自享用一片残叶，恰当地补充了三角构图右肩处的空白。春蚕以简笔勾出，再以淡墨依形略染，将蚕柔软的身躯、弯曲的体态生动地刻画出来，继而点眼、嘴、触肢，虽是写意之笔，却极尽逼真之态，寥寥几笔中传达出充沛的生命力。

"衣食住行"是生活的重要组成部分，需要劳动人民的智慧和勤劳去创造，那么，其中的"衣"是怎么来的呢？

蚕吐丝，织丝为布，裁布成衣。人劳作需要吃饭获得能量，那蚕吃什么食物？这种食物是怎么获取的？人们是如何养蚕的？

蚕宝宝需要吃桑叶才能生长，人们获取桑叶需要进行一个叫作采桑的步骤。对于蚕来说，桑叶是唯一的食物来源，因而我们以"桑梓之地"来代指故乡，因为故乡对人们来说也是唯一的。我们探究古代的劳动智慧，也是在寻找文化的故乡，这背后是对中华灿烂文明的认同和自信。

下面，就让我们从《采桑图》中找寻"桑梓之地"，感受文化的故乡。

（一）画

下面这几幅图中的人分别在做什么？他们是男人还是女人？

你能从下面几幅图中发现哪些工具？它们的作用分别是什么？

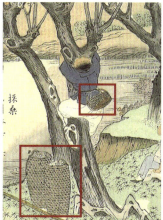

你看到下图中的劳动场景，能想到哪些相关的诗词？

此画的构图有什么特点？结合色环观察图的配色，说一说其配色特点以及给你带来的启示。

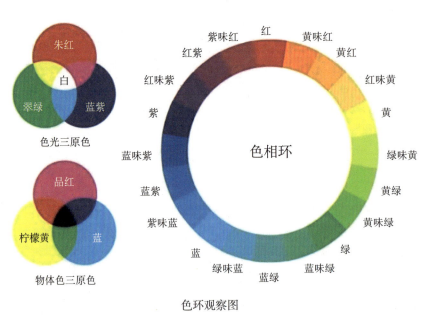

色环观察图

（二）诗

康熙赋诗

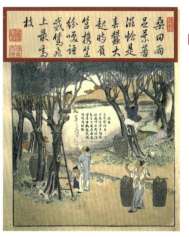

 识文

枝 上 戴 纷 筥 起 春 滋 足 桑
最 鵀 笑 携 时 蚕 恰 叶 田
高 飞 语 筐 负 大 是 蕃 雨

 吟诵

桑田雨足叶蕃①滋，
恰是春蚕大起时。
负筥②携筐纷笑语，
戴鵀③飞上最高枝。

注释

① 蕃：茂盛、繁茂。"草木欲蕃先喜色，冰霜虽老独贞姿。"（明·邵宝《苔南沙用前韵》）

② 筥（jǔ）：圆形的竹筐。"满地禾频落，怜渠筥尚空。"（宋·林希逸《拾穗许村童》）

③ 戴鵀（rén）：戴胜鸟。"杯底潜蛇影，门阴集戴鵀。"（宋·司马光《待读王文公挽歌二首》）

译文

风调雨顺的日子，桑田的叶子长得郁郁葱葱，十分繁茂。而这正是春蚕大起的时候。人们背着筥拿着筐，一路上欢声笑语。抬头看一看，戴胜鸟这时候飞到了高枝上。

思考

"桑田雨足叶蕃滋，恰是春蚕大起时。"诗中提到"大起"，你知道是什么吗？

人每天晚上睡觉，早上起床，蚕宝宝在大眠二眠后，也会起床，蚕起床就是"大起"。

大起的具体做法是给桑三次后，行眠除；如眠起不齐，同样应分批处理。饲食时，先给一次芽叶，然后放上除沙器，再给条桑，给三次桑叶后进行起除。

 拓展知识

《大起图》

《御制耕织图》织目的第二幅图讲的是"大起"。

《大起图》

《大起图》画面中有五个人，其中两个人在游廊上，三个人在室内；他们有的手中拿着莒，有的拿着筐，这两样东西里面都有桑叶，桑叶里面可能就"住"着大起后的蚕宝宝。

如果大起没有起好，会怎么样呢？

那会容易出现"大小蚕"现象。理论上来说，同一批蚕种，用相同的饲养模式，蚕的长势应该相差不大。但实际养蚕时，会出现"大小蚕"现象，有的差别还挺大，比如有的蚕已经在4龄阶段，开始吃2～3天的桑叶了，而有的蚕还在3龄阶段。出现"大小蚕"跟养殖户日常管理不当有很大关系，比如眠起饷食时间把握不到位、养殖密度过大、喂食桑叶量过少等。"大小蚕"带来的影响是比较明显的，会使得后期上簇时间不一致，有的蚕已经吐丝作茧，而有的蚕还在进食桑叶，为日常管理带来诸多不便，出现这种情况后养殖户需要将大小蚕及时分开饲养。

小满节气

《采桑图》诗中所表现的采桑时的节气，你觉得是哪一个？说出你的理由。

"小满乍来，蚕妇煮茧，治车缫丝，昼夜操作。"（《清嘉录》）人们会在小满时节去采桑。

小满是夏季第二个节气，在每年的5月20—22日交节。所谓小满有两个含义，一是指到了夏季，降水增多，雨水充沛，江河由此丰盈，如南方的民间谚语说，"小满小满，江河渐满"；还有种说法，是指到了这个节气，北方地区的小麦等作物籽粒开始饱满，但又没有完全成熟，所以称为"小满"。

小满亦分为三候。一候苦菜秀：小满节气时苦菜变得繁茂，乡民们挖掘腌食。二候靡草死：此时气温升高，一些野草因为日光强烈开始枯死。三候麦秋至：到小满节气末时，麦子开始成熟，到了收割之时。

下面来了解一下小满有哪些习俗。

吃苦菜

小满有吃苦菜的习俗。苦菜遍布全国，医学上称它"败酱草"。虽然苦中带涩，但营养丰富，含有多种维生素、矿物质、胆碱等，具有清热解毒的功效。

祭蚕

古时，人们把蚕视作"天物"。为祈求养蚕的好收成，人们在放蚕时举行祈蚕节。祈蚕节没有固定的日期，只根据各家放蚕在哪一天就在哪一天举行。但前后相差不过两三天。养蚕人家会到蚕娘庙、蝉神庙供上水果、美酒、丰盛的菜肴进行祭拜，尤其是要把用面制成的"面茧"放在用稻草扎成的稻草山上，以祈求蚕茧丰收。

祭三车

三车，即水车、油车和丝车。人们的耕种和生活可离不开这三车，所以为祈求风调雨顺、日子红火，人们会在小满时节祭三车。传说掌管水车的"车神"为白龙，农家在车水前于车基上置鱼肉、香烛等祭拜之，特殊之处为祭品中有白水一杯，祭时泼入田中，有祝水源涌旺之意。

楼璹题咏

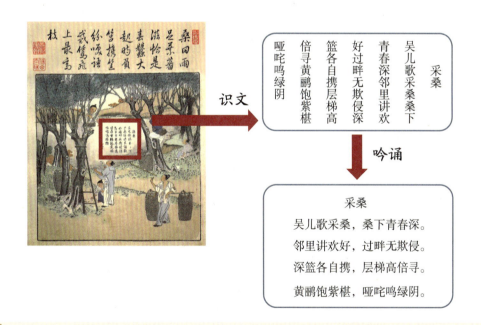

识文

桑日雨足采酱
滋怡是
春蚕大
管携笼
终顺语
我侪先飞
枝上最高

采桑
吴儿歌采桑桑下
青春深邻里讲欢
好过畔无欺侵深
篮各自携层梯高
倍寻黄鹂饱紫椹
哑咤鸣绿阴

吟诵

采桑

吴儿歌采桑，桑下青春深。
邻里讲欢好，过畔无欺侵。
深篮各自携，层梯高倍寻。
黄鹂饱紫椹，哑咤鸣绿阴。

译文

吴地少年郎歌唱去采桑，桑树郁郁葱葱，桑树下面有树荫。邻里乡亲之间都说好，不要越过田地的界限。拿着篮子各自采摘自己田地里的桑叶，一层层梯子搭好去树高的地方采摘好的桑叶。黄鹂鸟吃饱了紫椹，欢快地在树荫间鸣唱。

（三）字

采（cǎi）

甲骨文　甲骨文　金文　金文　小篆　隶书　楷书

"采"是会意字。如上图所示，第一个是甲骨文的"采"字，原是用手采摘叶芽的形象，就是今天的"采"字，因此，今天摘茶芽便叫"采（采）茶"。

第二个还是甲骨文的"采"字，是甲骨文里比较多见的一种形体；但已把叶芽儿全简省掉，只剩下枝条了。

第三、第四个是金文的"采"，第五个是小篆的"采"，然后经由隶书演变后，楷书写作"采"。

字义

"采"的本义是摘取。"采，捋取也。"（《说文》）"采苓采苓，首阳之巅。"（《诗·唐风·采苓》）

引申为采用，如"采上古帝位号，号曰皇帝。"（《史记·秦始皇本纪》）又借用为彩色之彩，如"采，色也。"（《玉篇·木部》）这个意思后来写作"彩"。

引申指彩色的丝织品。如"故其男不耕耘，女不蚕织，衣必文采，食必粱肉。"（汉·晁错《论贵粟疏》）这个意思后来写作"彩"。新中国成立后，"綵"作为异体并入了"彩"字。

"采"又音 cài，指采邑（古代诸侯分封给卿大夫的土地）。如"此卿大夫采地之大者也。"（《汉书·刑法志》）这个意思后来写作"寀"，亦作"埰"。

由于"采"有诸多引申义和假借义，所以曾分化出加注"手"旁的"採"来表示本义。新中国成立后，"寀"和"埰"作为异体字入了"采"字，引申指编织。

桑（sāng）

甲骨文　甲骨文　金文　小篆　楷书

"桑"是象形字，第一个是甲骨文，描画的是一棵树。上有树冠，下有树根，树叶长得很茂盛，表示这就是桑树。

第二个是金文，两侧的枝叶与树形脱离，上部似"丵"形。在小篆中，"枝叶"已完全与"树形"脱离。第三个是秦代《睡虎地秦简》中的"桑"，将"叒"笔画拉直，写作"桒"。

东汉许慎的《说文解字》认为小篆的"桑"字是个会意字，它由三个"又"字和一个"木"字组成。三个"又"字重叠在一起为"叒"（ruò），像桑叶了重叠的形状；下面的"木"字表示树木。也有人认为，这三个"又"字不是表示重重叠叠的桑叶，而是表示许多手在摘桑叶。因为古代的"又"字表示手，在"桑"字中表示桑叶可以养蚕，桑叶必须用手去摘。"桑"是由小篆字形"楷化"而来的。现代采用"桑"为规范字体，"槡"则为异体字。

"桑"指蚕所食叶木。如"叒本象叶重沓之貌。桑以叶重，枝从叒，象形。"（清·张文虎《舒艺室随笔》）"齐鲁千亩桑麻，其人与千户侯等。"（《史记·货殖传》）。

彼汾一方，言采其桑。

——先秦·佚名《汾沮洳》

罗敷喜蚕桑，采桑城南隅。

——汉·佚名《乐府诗集·陌上桑》

羞作秋胡妇，独采城南桑。

——南朝陈·江总《梅花落》

相呼出采桑，采桑如采玉。

——宋·陈允平《采桑行》

蚕饥当采桑，何暇事游遨。

——元·赵孟頫《题耕织图二十四首奉懿旨撰》

朝采桑，暮采桑，采桑不得盈顷筐。

——明·宋璲《采桑曲》

采桑女子智于男，晓雾浸鞋携笋篮。

——清·阎尔梅《采桑曲》

桑叶对蚕的生长发育有重要影响，那么，你了解桑叶吗？

桑叶有些与众不同，拥有强大的蛋白质生产能力，这是福也是祸。为什么这么说呢？请课后找一找关于桑树的资料，一起来交流。

下面一起来做份桑树的备忘录。

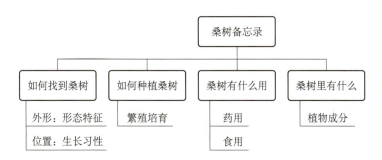

桑树备忘录		
形态特征		
	落叶灌木或小乔木，树皮灰黄色或黄褐色，浅纵裂，幼枝有毛。	
	长 6 ~ 15 厘米，宽 4 ~ 12 厘米，先端尖或钝，基部圆形或近心形，边缘有粗齿，上面无毛，有光泽，下面绿色，脉上有疏毛。	
	完整叶片呈卵形、宽卵形、心形等。聚花果（桑葚）熟时紫黑色、红色或乳白色。花期4—5月，果期6—7月。	
	味淡、微苦、涩。	
生长习性	喜光，对气候、土壤适应性都很强，耐修剪，寿命长。	
繁殖培育	栽培或野生。以长江中下游及四川盆地桑区为多。	
	桑叶是蚕的"粮食"。在商代（3000多年前）的甲骨文上，就有了"桑"与"蚕"的字样，可见其历史悠久，是与中国文化的发展紧密地联系在一起的。	
	优良桑苗是桑园丰产的基础。繁育桑苗可分有性繁殖和无性繁殖两种。有性繁殖是用种子繁殖，无性繁殖有嫁接、扦插和压条等。	
	桑树通过嫁接繁育出来的苗木称嫁接桑。嫁接法在繁育良种桑苗、更换品种、老树复壮更新等方面被广泛应用。	
	栽桑的目的是采叶养蚕，而桑叶又是桑树的营养器官，因此，在采叶的同时，要注意养树。采叶的基本方法有摘叶法、采芽法和剪条法三种。	
主要价值	药用	抗凝血。
		降血压。
		降血糖血脂、降胆固醇、抗血栓形成和抗动脉粥样硬化。
		抑菌、抗炎。
		抗病毒、抗肿瘤。
		抗衰老、抗疲劳。
		抗丝虫病。
		解痉、抗溃疡。
		美容。
		解毒。

桑树备忘录		
主要价值	食用	桑芽菜是采摘桑树枝干上的芽头为辅料或者主料进行制作的一种菜。
		国家卫生部于 1981 年公布了第二批药食同源保健食品，桑叶被列于其中。
		2003 年，网上出现一则"热帖"《现在流行吃桑叶》，自此开始，越来越多的人开始将桑叶作为辅料做成桑叶菜饼等。
植物成分		黄酮类：桑叶中黄酮类化合物占桑叶干重的 1%～3%，是植物界中茎叶含量较高的一类植物。
		生物碱：生物碱是桑叶的主要活性成分。
		植物甾醇：桑叶中植物甾醇含量比一般植物高 3～4 倍。
		桑叶多糖：桑叶中富含桑叶多糖，具有显著的降血糖和抑制血脂升高的作用。

（四）书

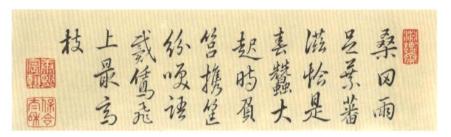

《采桑图》中康熙赋诗采用行书。行书分为行楷和行草两种，是在楷书的基础上发展而来的，介于楷书和草书之间。"行"是"行走"的意思。行书的名称始见于西晋卫恒《四体书势》一文："魏初，有钟（繇）、胡（昭）二家为行书法，俱学之于刘德升。"唐代张怀瓘《书断》记载："行书者，刘德升所作也。即正书之小伪，务从简易，相间流行，故谓之行书。"

下面请欣赏行书作品赵孟頫《闲居赋》。

赵孟頫《闲居赋》（局部）

《闲居赋》笔法极其精熟，颇得晋人风范，用笔规范，温婉秀丽，有一种自然流露的风韵。

（五）刻

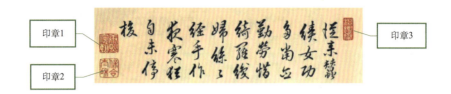

印章1　印章2　印章3

印章 1　　　　　　　印章 2　　　　　　　印章 3

阴刻和阳刻

以上三枚印章有明显的不同，两枚是阴刻，一枚是阳刻。从阴刻和阳刻上，我们能够看到文学、美术、雕塑、造型等多种艺术形式的集结。

印章含义

"宸翰"是指皇帝日理万机操劳政事。"康熙宸翰"是康熙皇帝办公用的印玺，古时候皇帝常常会刻制此类印玺表示自己勤政。

"保合太和"出自《周易》，是其中最重要的哲学思想，指阴阳之合。《程氏易传》说："保为之长存，合为之长合。"而太和即"大的和谐"，联系起来就是说保持"长合"达到大的和谐。

"渊鉴"是洞察，明察的意思，出自《魏书·甄琛传》："伏惟陛下纂圣前晖，渊鉴幽慝，恩断近习，宪轨唯新。"渊鉴斋是康熙皇帝的书斋之一。

二、行

结合《采桑图》，在"亦游亦学"中，感受采桑的劳动过程与魅力，行走北京市大安山林场管理处，丰富学生对采桑的认知，以及对劳动人民智慧和辛劳的感悟，体悟"桑梓之地"的内涵。

（一）"桑"体验

任务一　寻找"老桑树"

活动一：制作桑叶标本

材料工具：
桑叶、宣纸、剪刀、塑封膜（硬质）、木框、卡纸。

步骤：

（1）寻找并采集桑叶；

（2）清洗桑叶后放到宣纸上，吸去树叶上的水；

（3）将桑叶重新放到一张干的宣纸上，夹到书中；

（4）7天后取出完全干掉的桑叶；

（5）将桑叶放到裁剪好大小合适的塑封膜上；

（6）用木框或者卡纸进行封边；

（7）裁剪小的卡纸，将桑叶的名字和简介写好贴在标本上。

活动二：制作桑叶书签

材料工具：
桑叶、宣纸、剪刀塑封膜（硬质）、卡纸胶水、穗头。

步骤：

（1）寻找并采集桑叶；

（2）清洗桑叶后放到宣纸上，吸去树叶上的水；

（3）将桑叶重新放到一张干的宣纸上，夹到书中；

（4）7天后取出完全干掉的桑叶；

（5）将桑叶放到裁剪好大小合适的卡纸上，贴上塑封膜；

（6）用胶水进行封边；

（7）钻孔，绑上穗头。

 制作"桑衣裙"

活动一：以桑为景

材料工具：
卡纸、画笔剪刀、裁纸刀。

步骤：

（1）构思裙子的样式；

（2）在纸上画出人物及裙子的形状；

（3）将裙子部分进行镂空；

（4）寻找合适的桑树或桑叶的背景，做裙子的花纹；

（5）将镂空的纸竖起，以景色为背景竖起纸片；

（6）拍照进行记录。

活动二：以桑为材

材料工具：
卡纸、画笔、剪刀、裁纸刀、胶水、桑叶。

步骤：

（1）在纸上画出人物的形状；

（2）将桑叶清洗干净，剪成需要的形状；

（3）将桑叶摆在裙子的位置上定位；

（4）用胶水固定。

任务三：制作"桑叶茶"

	材料工具： 桑叶、盆、锅、盘、剪刀、盒子。

步骤：

（1）采摘的春桑叶清洗干净，晾干水分；

（2）将桑叶放入锅中煮，水一开便用筷子翻动桑叶，煮大约一分钟，桑叶变软立刻取出；

（3）将煮过的桑叶挤出水分，剪成条状，晾晒至半干；

（4）将桑叶条揉至定型，进行炒制，待颜色呈褐色时出锅；

（5）再次对桑叶进行揉搓定型，阴干，装盒储存。

（二）"蚕"体验

 任务一　"蚕宝宝"成长观察日志

步骤：

（1）领养蚕；

（2）找到纸盒做一个蚕的家；

（3）为蚕寻找合适的桑叶；

（4）喂养蚕；

（5）观察蚕的生长。

"蚕宝宝"成长观察日志					
蚕宝宝名字：　　　　　起始时间：　　　　　记录人：					
时间	蚕的形态	蚕的活动	进食情况	评价	备注
年　月　日					
年　月　日					
年　月　日					
年　月　日					
年　月　日					
年　月　日					
年　月　日					

任务二　"蚕宝宝"成长绘本

"蚕宝宝"成长绘本

　　根据自己养蚕的经历，以及"蚕宝宝"成长观察日志的记录内容，以绘画为主要形式展现蚕的生长过程，并用文字进行简要说明，还可写下自己的感受和得到的一些启示，制作一本属于自己的"蚕宝宝"成长绘本。

任务三　行走——北京市大安山林场管理处

　　"读万卷书，行万里路"，为了更好地了解采桑背后的故事，一同去养蚕基地——北京市大安山林场管理处看一看。在那里，可以进一步体验采桑养蚕的过程，观察蚕的生长，感受现代技术的魅力。

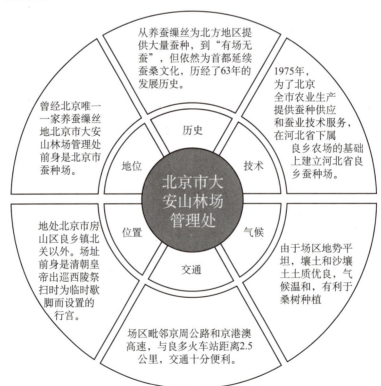

　　提到养蚕，我们脑海里首先浮现的往往是江南地区养蚕缫丝的盛景，实际上，北京市大安山林场管理处一直保留着桑蚕文化，这和其历史、技术、气候、位置、地位等方面是不可分割的。北京市大安山林场管理处有 63 年的历史，所处地理位置的气候条件非常有利于养蚕，且交通便捷，曾经是北京唯一的养蚕缫丝地。

活动概况			
活动主题	行走——北京市大安山林场管理处。		
课程简历	前往北京市大安山林场管理处进行研学活动，了解其历史发展和文化底蕴。		
时间安排	1～2 课时。		
适合学段	3～6 年级。		
涉及学科	历史、科学、语文。		
研学方式	前往北京市大安山林场管理处参观、研学。		
活动设计			
活动小组人员：			
学前准备	活动内容		
	活动计划	出行物品清单	
		出行时间	年 月 日 时 分
		出行方式	
		路线设计	
		预计返程时间	年 月 日 时 分
活动实施	目标： 过程：		
学后总结	目标完成情况： 其他收获： 经验或建议：		

续表

活动设计	
作品展示	行走手记（文字、绘画、摄影、文创作品等）

三、评价与提升

知

评价维度	评价要素	自评	同伴评	师评	家长评
诗	诵读诗歌	☆☆☆☆☆	☆☆☆☆☆	☆☆☆☆☆	☆☆☆☆☆
	理解诗意	☆☆☆☆☆	☆☆☆☆☆	☆☆☆☆☆	☆☆☆☆☆
	体味内涵	☆☆☆☆☆	☆☆☆☆☆	☆☆☆☆☆	☆☆☆☆☆
字	了解字体	☆☆☆☆☆	☆☆☆☆☆	☆☆☆☆☆	☆☆☆☆☆
	理解字义	☆☆☆☆☆	☆☆☆☆☆	☆☆☆☆☆	☆☆☆☆☆
	体会内涵	☆☆☆☆☆	☆☆☆☆☆	☆☆☆☆☆	☆☆☆☆☆
书	了解特点	☆☆☆☆☆	☆☆☆☆☆	☆☆☆☆☆	☆☆☆☆☆
	临摹字体	☆☆☆☆☆	☆☆☆☆☆	☆☆☆☆☆	☆☆☆☆☆
	品味欣赏	☆☆☆☆☆	☆☆☆☆☆	☆☆☆☆☆	☆☆☆☆☆
刻	认识阴刻和阳刻	☆☆☆☆☆	☆☆☆☆☆	☆☆☆☆☆	☆☆☆☆☆
	理解印章含义	☆☆☆☆☆	☆☆☆☆☆	☆☆☆☆☆	☆☆☆☆☆
画	认真观察	☆☆☆☆☆	☆☆☆☆☆	☆☆☆☆☆	☆☆☆☆☆

行

评价项目		自评	同伴评	师评	家长评
"桑"体验	参与积极	☆☆☆☆☆	☆☆☆☆☆	☆☆☆☆☆	☆☆☆☆☆
	制作合理	☆☆☆☆☆	☆☆☆☆☆	☆☆☆☆☆	☆☆☆☆☆
	图文并茂	☆☆☆☆☆	☆☆☆☆☆	☆☆☆☆☆	☆☆☆☆☆
"蚕"体验	参与积极	☆☆☆☆☆	☆☆☆☆☆	☆☆☆☆☆	☆☆☆☆☆
	生长体验	☆☆☆☆☆	☆☆☆☆☆	☆☆☆☆☆	☆☆☆☆☆
	活动记录	☆☆☆☆☆	☆☆☆☆☆	☆☆☆☆☆	☆☆☆☆☆
行走——北京市大安山林场管理处	参与积极	☆☆☆☆☆	☆☆☆☆☆	☆☆☆☆☆	☆☆☆☆☆
	研学活动	☆☆☆☆☆	☆☆☆☆☆	☆☆☆☆☆	☆☆☆☆☆
	研学手记	☆☆☆☆☆	☆☆☆☆☆	☆☆☆☆☆	☆☆☆☆☆

总结与反思

1. 通过《采桑图》的学习，你有什么收获？你对哪部分最感兴趣，为什么？

2. 你对"桑梓之地"有什么样的理解？

3. 在未来的学习中，你还想进一步研究什么？

在《采桑图》的学习中，我们不仅感受到了古籍的艺术之美，也感受到了中华传统农耕文明的智慧。

宋翰林图画院《蚕织图》（局部）

"蚕吐丝，丝织布，布成衣。"古时候，耕、织都是重要的农事活动，天子也会以"亲耕"等活动"劝课农桑"。织离不开蚕，蚕离不开桑，采桑不仅是简单的农事活动，也是"桑梓之地"的回归，体现了华夏儿女的民族认同与自豪感，体现了中华民族的勤劳和智慧，上下五千年礼仪之邦因此绵延不绝。

诗经·十亩之间

《诗经》是中国最早的一部诗歌总集，为中国古代诗歌的开端。《诗经》里也有关于"采桑"的描写，如《诗经·十亩之间》。

> 十亩之间
>
> 十亩之间兮，桑者闲闲兮。行与子还兮。
>
> 十亩之外兮，桑者泄泄兮。行与子逝兮。

译文

在一片很大很大的桑园里，年轻的姑娘们采桑多悠闲，她们一道唱着歌儿回家转。在相邻一片很大的桑园里，漂亮的姑娘们采桑多悠闲，她们一起说说笑笑往家转。

嫘祖养蚕

有一本书，与《易经》《黄帝内经》并称为上古三大奇书，那就是《山海经》。《山海经》包含着关于上古地理、历史、神话、天文、动物、植物、医学、宗教以及人类学、民族学、海洋学和科技史等方面的诸多内容，是一部上古社会生活的百科全书。在《山海经》中，提到了黄帝的妻子嫘祖（书中写为雷祖）。

古籍记载，嫘祖是发明养蚕的人。嫘祖有一双巧手，能用兽皮缝补和制作各种皮衣，还有结实耐穿的鞋子。但是兽皮太难获得了，部落里还是有很多人没有兽衣。树叶做的衣服太冷了，人们有些受不了。

有一天，嫘祖到河边去玩，发现树上有一些白色的小团子，她"采"下来一个，发现里面竟然有一条小虫子。嫘祖对小虫子很好奇，于是又"采"了好几个这样的小白团。她把小团子放到盒子里，过了几天，发现盒子里有蛾子飞出来了。她还发现小团子是由一根根白色的丝组成的，白色小团子就是蛾子的"衣服"。这时，嫘祖想到了一个好主意。她先烧了一锅开水，然后把小团子放进去，白色的丝渐渐散开了。嫘祖用树枝把这些白丝缠成线，再把这些线有的排成竖的，有的排成横的，用工具交织在一起，就制成了一块完整的布。用这种布做出来的衣服又柔软又顺滑，十分舒服。嫘祖认为这些小虫子是上天赐了的宝贝，所以给它们起名叫"蚕"（即"天虫"）。

从此，在嫘祖的倡导下，全村的女娃都开始养蚕纺线，织布制衣。

上 簇

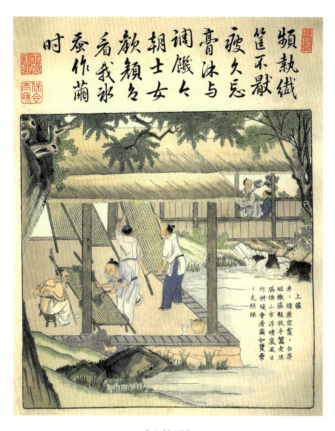

《上簇图》

　　《上簇图》是织目的第八幅图。上簇是人们经历了浴蚕、捉绩、采桑等步骤后，将发育到成熟后期，停止吃东西的蚕移至簇上，使之吐丝作茧，这个步骤也称为"上山"。整幅图表现的是众人齐心协力助蚕"上山"的场景，农夫抬着竹编簇箔轻轻摆放，老者拄着拐杖指导年轻人整理上簇。古诗云："麦收蚕上簇，衣食应丰足。"上簇的场景也往往预示着一年的丰收。

目标导引
1. 了解蚕的一生，掌握《上簇图》中的两首诗，知道"上"字的来历和意味，能够通过诗歌、书法等感受文字之美，与古人进行对话，体会劳动的美好。 2. 了解蚕吐丝上簇的过程，并了解有关的节气小满。 3. 通过"渊鉴斋"印章云游畅春园，初步了解"三山五园"的历史渊源，增强民族自豪感以及作为祖国新时代好少年的使命感。 4. 自己动手养蚕，并用绘画或者拍摄的方式记录蚕的一生。

古籍劳动课
Guji Laodong Ke

续表

阶段目标				
知				
年段	画	诗	字	书	刻
幼儿阶段	对《上簇图》进行初步感知，能简单识物。	诵读《上簇图》中的诗歌，进行诗意理解。	形声字学习、了解"簇"基本义。	对书法的初步感知与认识。	认识阴刻和阳刻。
1～2年级	对《上簇图》进行初步感知，能识物。	诵读《上簇图》中的诗歌，进行诗意理解，画中寻诗。	了解"簇"字形演变、基本义，诗词拓展学习。	认识有关的书法家，学习书法作品的鉴赏。	认识阴刻和阳刻。
3～4年级	对《上簇图》进行整体感知，能识物、识人。	诵读《上簇图》中的诗歌，进行诗意理解，画中寻诗，了解有关节气。	了解"簇"字形演变、基本义，诗词拓展学习。	认识有关的书法家，学习书法作品的鉴赏，临摹简单字	认识阴刻和阳刻，认识"渊鉴斋"印。
5～6年级	对《上簇图》进行整体感知，能识物、识人，并了解画中风景。	诵读《上簇图》中的诗歌，进行诗意理解，画中寻诗，了解有关节气，体会桑蚕文化	了解"簇"字形演变、基本义，诗词拓展学习。	认识有关的书法家，学习书法作品的鉴赏，临摹简单字，了解简单书法理论知识。	认识阴刻和阳刻，认识"渊鉴斋"印。

行	
幼儿阶段	认识蚕，初步了解蚕的一生。
1～2年级	认识蚕，了解蚕的一生，并能叙述蚕的一生的几个阶段。
3～4年级	认识蚕，了解蚕的一生，能够养蚕；了解畅春园，感受古代劳动人民的智慧。
5～6年级	认识蚕，了解蚕的一生，能够养蚕，并通过养蚕对生命有更深刻的了解。

课程实施
计划分为4课时。 第1课时：讲解"知"中的"画""诗"两个部分的内容。 第2课时：讲解"字""书""刻"三个部分的内容，并做好"行"的导入，为第3课时做准备。 第3课时：完成"行"的"云游"畅春园任务。 第4课时：课下完成"行"中饲养蚕的任务，课上进行总结交流，教师进行指导和升华。

课程评价		
知		
画	探究绘画：将绘画与自然相融合，探究各种问题。	
诗	体会诗意：能大体把握诗意，想象诗歌描述的劳动场景，感受水稻育秧的艰辛与乐趣。	
字（书）	书写汉字：在书写中体会汉字的优美，有良好的的书写习惯。	
刻	印章文化：了解有关印章的文化，提高传统文化的审美意识。	
行		
寻访畅春园	争做小导游：了解畅春园的历史，知晓其建造及毁坏的过程，并能在课堂上以小导游的身份向同学做介绍。	
	寻访遗址：实地探寻畅春园遗址。	
饲养蚕	饲养蚕：活动过程中认真、细致观察蚕的生长过程，了解其生长规律。	
	课上交流：通过图文结合等方式完成劳动实践活动记录并在课上与同学进行交流。	

一、知

上簇是经历了浴蚕、捉绩、采桑等步骤后，成熟的蚕终于要"上山"吐丝了。

（一）画

请你从下图中找一找，劳动者在上簇的过程中都用到了哪些工具？它与现在养蚕的方格簇有什么异同？请你从形状和使用方法两方面来说一说。

古代蚕农使用的竹编簇箔与现在的方格簇形状十分相似，使用方法也都是让蚕在上面吐丝结网，虽然"上山"的方式略有不同，但整体来说，使用方法大同小异，可见古代的劳动人民充满了智慧。

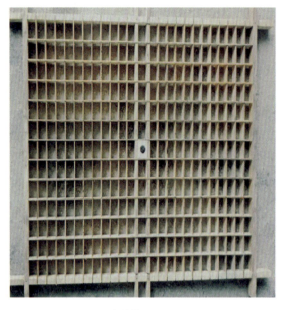

方格簇

竹编簇箔

观察下图并说一说，图中有哪些人物？他们分别在做什么？想象一下他们的对话内容。

《上簇图》表现的是众人齐心协力助蚕"上山"的场景。农夫们抬着竹编簇箔轻轻摆放，老者拄着拐杖指导年轻人整理上簇，他们脸上带着喜悦的笑容，对这一年的丰收充满希望。

（二）诗

康熙赋诗

 识文

时 蚕 看 欢 朝 调 膏 疲 筐 频
作 我 颜 饥 士 饿 沐 久 不 执
茧 冰 色 女 今 与 忘 厌 纤

 吟诵

频执纤筐不厌疲，
久忘膏沐与调饥。
今朝士女欢颜色，
看我冰蚕作茧时。

译文　　蚕上簇的时节，人们来往忙碌却不感觉到疲惫，丰收的喜悦使人们忘记了沐浴与吃饭。看看现在的男男女女这美丽的姿态，都是因为蚕儿无私的吐丝才制成了这美丽的衣衫啊！

诗里乾坤

养蚕词

明·高启

东家西家罢来往，晴日深窗风雨响。
三眠蚕起食叶多，陌头桑树空枝柯。
新妇守箔女执筐，头发不梳一月忙。
三姑祭后今年好，满簇如云茧成早。

　　吴地以农历四月为蚕月，家家闭户，门贴红纸，多禁忌，妇女独宿，邻里的庆吊往来完全停止，亦称"蚕禁"。往来全罢，无人语喧闹之声，显得分外宁静，因其宁静，深窗之中如风雨飒飒般的蚕食桑叶之声，遂清晰可闻。二眠起后蚕食叶之多，致使陌头的桑树叶被采尽，空存枝柯。蚕妇们专力饲养蚕儿既忙碌又辛劳，以至于没时间梳理头发。祭过三姑，也许是托她们的保佑，今年的茧结得既早又多。面对这"满簇如云"的丰收景象，这一月来劳动的结晶，蚕妇们心头喜悦，脸上也是满满的笑容。

　　同学们可以对比读一读康熙题诗与高启的《养蚕诗》，感受二者在情感上有何异同。

楼璹题咏

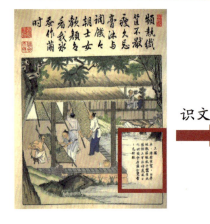

识文

上簇
采采绿叶空蔂蔂白茅
短撒簇轻放手蚕老丝
肠懦山市浮晴岚风日
作妍暖会看茧如瓷累
累光照眼

吟诵

上 簇

采采绿叶空，蔂蔂白茅短。
撒簇轻放手，蚕老丝肠懦。
山市浮晴岚，风日作妍暖。
会看茧如瓷，累累光照眼。

译文

桑叶采了又采，陌头的桑树叶被采尽，那一簇簇的白茅都因为来往行人的踩踏无法长高。蚕上簇的时候要轻轻地放手，因为成熟的蚕丝肠脆弱。晴朗的天气里，山中雾气缭绕，和风与阳光成就了美好温暖的景象。再看看结出的累累的蚕茧，那光华多么地耀眼啊！

你发现了吗？蚕上簇让辛苦的劳动人民充满了希望与丰收的喜悦，通过学习、吟诵以上诗歌，仔细体会一下这种情感吧。

拓展知识

桑蚕文化典故

《辞源》一书将扶桑解释为一种神木的名称，连太阳都从其中升起。而在《淮南子》中，也视桑树为神明。因此，桑树在古人的认知当中并不仅仅只是一种普通的生物，而是具有一定的神话色彩，人们发自内心地对其持敬畏和尊重。

《诗经》里桑树出现的篇章很多，先秦时代，桑树已经是人工栽种的作物。对于桑的最早记述出现在甲骨文当中，那时候人类开始创立文字，在干枯兽骨和竹木平面上记录自己的历史，以保存和自然斗争的经验，让自己的智慧能够"有形"地延续。他们从自然野蚕身上得到启发，以桑饲蚕，开始得到轻便柔韧的丝帛。

"桑梓"作为家园的象征，是中国文化独有的特色。除了北方文学代表《诗经》，南方文学代表《楚辞》也提到桑树，可见中国古代桑树种植十分普遍。

（三）字

上（shàng）

甲骨文　　金文　　篆书　　隶书　　楷书

"上"甲骨文作 ᷓ，其中，⌣表示地面，—表示在地面之上。金文承之甲骨文；篆文以「丄」示在地面之上。楷书承之隶书而定体。

"上"有以下这几种字义。

位置在高处的，与"下"相对：楼上，上边。

次序或时间在前：上古，上卷。

等级和质量高的：上等，上策，上乘（佛教用语，一般借指文学艺术的高妙境界或上品）。

由低处到高处：上山，上车，上升。

向前进：冲上去。

涂：上药。

按规定时间进行或参加某种活动：上课，上班。

用在名词后边，表示时间、处所、范围：晚上，桌上，组织上。

用在动词后边，表示开始、继续、趋向、完成：爬上来，锁上，选上代表。

簇（cù）

蔟　蔟　簇

小篆　　隶书　　楷书

"簇"是会意字，从竹，其形体像竹，从族，族有多之意，因此簇的本义是众多小竹聚集在一起生长，引申义为聚集；也可通蔟，表示蚕山。

蚕上簇往往预示着一年的丰收，而在农历四月，辛勤的人们不仅需要养蚕，还要忙着插秧，让我们通过诗词来感受一下忙碌的四月吧。

乡村四月

宋·翁卷

绿遍山原白满川，子规声里雨如烟。

乡村四月闲人少，才了蚕桑又插田。

《乡村四月》是一首写江南农村初夏时节的景象的七言绝句，前两句着重写景：绿原、白川、子规、烟雨，寥寥几笔就把水乡初夏时特有的景色勾勒了出来。后两句写人，主要描写在水田插秧的农民形象，从而衬托出"乡村四月"劳动的紧张与繁忙。

（四）书

《御制耕织图》的序为草书，"天头"的康熙所赋"耕织诗"为行书，图中空白处楼璹题咏"耕织诗"为欧体楷书。

草书

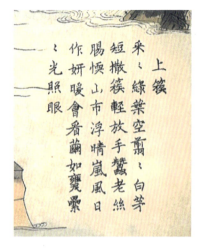

欧体楷书

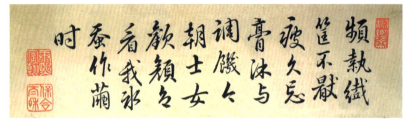

行书

康熙的行书有董其昌的飘逸，同时还兼具米芾的笔意，柔美中含有博雅的气度，在清朝皇帝中绝对是一流水准。康熙曾写过一幅行书作品，内容是朱熹的诗作，这幅作品用笔严谨，一丝不苟，整体气韵秀逸端庄，神韵超迈，展现出非常高的书法水平，是难得一见的艺术珍品。

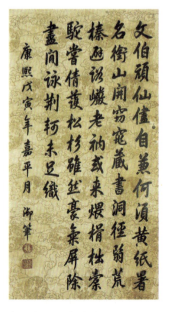

康熙书写朱熹诗作的行书作品

（五）刻

经卷
勤多绩怪来籍
绮罗
归丝
经手
布寒村作
校来停

在《御制耕织图》中，康熙所赋"耕织诗"，诗前盖"渊鉴斋"印，诗后盖"康熙宸翰"印和"保令太和"印，构成一幅完整的书法作品。

下面我们通过这几方印，来了解一下印章文化。

清朝皇帝的御玺，据玺文内容分为以下五类。

年号玺：玺文刻有皇帝年号，其中"康熙宸翰"小玺即属年号玺。

宫殿玺：玺文刻有宫室殿宇名称，"畅春"与"佩文斋"二玺即属此类。"畅春"指圆明园内之畅春园，佩文斋为康熙帝书斋，位于畅春园内。

鉴藏玺：钤于内府所藏善本图书及历代书画名迹上，作鉴赏及识别之用，属官式用玺，由官员经手钤盖，有别于皇帝钤于御制诗文书画上的闲章。

嘉言及诗词玺：玺文刻有经史隽语及诗文佳句，取其吉利、典雅及自警之意。这套宝玺中的"戒之在得"及"稽古右文"同属此类；前者为孔圣箴言，康熙帝以此自警，后者则抒其整理古籍以发扬文艺之心迹。

花押玺：玺文刻有花押式样。

园林文化

渊鉴斋位于畅春园，畅春园原址是明神宗的外祖父李伟修建的"清华园"。园内有前湖、后湖、挹海堂、清雅亭、听水音、花聚亭等山水建筑。明朝灭亡后，园址荒废。畅春园在1684年清朝康熙皇帝南巡归来后启建。畅春园位于北京海淀区，圆明园南，北京大学西。

畅春园在北京的皇家园林中，地位可以说是至高无上的。这里几乎成了康熙皇帝后半生常设的办公场所，他最终也逝于此处。这座园林见证了康熙王朝众多的大事。

康熙钟爱的这座园子究竟长什么样子？

康熙时期的畅春园主要可分为外朝、办公、文教、起居、阅武、观稼、游赏和宗教八个相对独立的功能区，涵盖了皇家生活的各方面。例如举办仪典的大宫门、九经三事殿位于园南端，研习古籍和编纂书籍的渊鉴斋和佩文斋位于中部，皇子读书的无逸斋位于西南，皇帝起居的清溪书屋位于东北，演练骑射的马厂位于大西门外，观稼验农的菜园和稻田位于园西，寺庙和游赏型景点则分散布局。西花园主要作为众皇子的居所，南、东、中、西四所较为集中，而皇太子居住的讨源书屋位于独立的半岛之上，反映出了森严的等级制度，同时还有少量的寺庙和游赏型景点。

畅春园被分为宫廷区、前湖区、后湖区、北湖区及农耕区五大分区，前四个分区由南

向北依次展开，农耕区位于西侧的狭长地带，园中殿宇、河湖、堤岛、寺庙、稻田等景观层次分明，是一座平地造园的杰出作品。

二、行

 任务一　寻访畅春园

"畅春园"简历	
建造年代	1684 年清朝康熙皇帝南巡归来后启建。
烧毁年代	清文宗咸丰十年（1860 年），英法联军火烧圆明园，畅春园也被烧毁。
现存遗址位置	位于北京海淀区，圆明园南，北京大学西。
面积	畅春园全盛时，根据文献图档估算，畅春园南北长约 1000 米，东西宽约 600 米，占地 900 亩（约 60 公顷）。
主要景点	九经三事殿、春晖堂、云涯馆、瑞景轩、延爽楼、鸢飞鱼跃亭、桃花堤、太朴轩等。

　　原来的畅春园多么美丽啊！但是现在它仅残存恩佑寺和恩慕寺两座山门，静立于北京大学西门外，诉说着历史的忧伤。追昔抚今，请你和小伙伴一起去实地探访畅春园遗址吧。

> 寻访过畅春园遗址后，请你将自己的感受记录下来吧。

 任务二　饲养蚕

　　亲自来养蚕，并给蚕写一本"生长日记"，还可以通过拍照、画画等方式来记录。

时间	蚕所处阶段	照片或图画	文字描述
年　月　日			
年　月　日			
年　月　日			
年　月　日			
年　月　日			
年　月　日			
年　月　日			
年　月　日			

养蚕的过程充满了惊喜和趣味，也可能会遇到波折。赶紧将养蚕的感受写下来吧。

上簇是蚕"上山"吐丝，再经过炙箔、下簇、择茧、窖茧之后，就会经历缫丝环节，这里涉及我们学习过的一句古诗："春蚕到死丝方尽"。

其实，蚕吐丝之后，只是进入了身体的另一个发育阶段——变成了蛾，并没有死，那这句话是完全错误的吗？并不是这样。

古时候，人们要想剥茧抽丝，就要对生茧进行水煮，让蚕丝蓬松，而且这样制作出的蚕丝才是长丝，才能制作出较高品质的丝绸。可是这样一来，蚕茧内的蚕就被烫死了，所以古人才有"春蚕到死丝方尽"的感叹。

一只蚕在破茧之后，寿命其实只有两三天，在这期间，它们将不再进食，只有一个任务，那就是交配、产卵、繁衍，直到最后精疲力尽地死去。

所以，在蚕蛹时期死去，在成蛾后精疲力尽地死去，对蚕来说，这两种哪一个更好呢？相信对于这个问题你也有自己的看法，请你将自己的想法写下来吧！

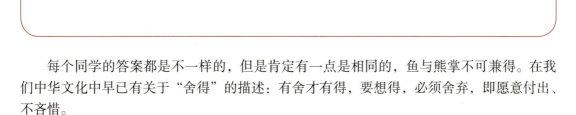

每个同学的答案都是不一样的，但是肯定有一点是相同的，鱼与熊掌不可兼得。在我们中华文化中早已有关于"舍得"的描述：有舍才有得，要想得，必须舍弃，即愿意付出、不吝惜。

蚕的一生虽然短暂，却意义丰富，它不仅让人们有衣御寒，体会丰收的喜悦，同时令人思考舍与得之间的关系，体会中华文化的博大精深。

三、评价与提升

知

评价维度	评价要素	自评	同伴评	教师评	家长评
诗	诵读诗歌	☆☆☆☆☆	☆☆☆☆☆	☆☆☆☆☆	☆☆☆☆☆
	理解诗意	☆☆☆☆☆	☆☆☆☆☆	☆☆☆☆☆	☆☆☆☆☆
	体会内涵	☆☆☆☆☆	☆☆☆☆☆	☆☆☆☆☆	☆☆☆☆☆
字	了解字体	☆☆☆☆☆	☆☆☆☆☆	☆☆☆☆☆	☆☆☆☆☆
	理解字义	☆☆☆☆☆	☆☆☆☆☆	☆☆☆☆☆	☆☆☆☆☆
	体会内涵	☆☆☆☆☆	☆☆☆☆☆	☆☆☆☆☆	☆☆☆☆☆
书	了解特点	☆☆☆☆☆	☆☆☆☆☆	☆☆☆☆☆	☆☆☆☆☆
	品味欣赏	☆☆☆☆☆	☆☆☆☆☆	☆☆☆☆☆	☆☆☆☆☆
	临摹字体	☆☆☆☆☆	☆☆☆☆☆	☆☆☆☆☆	☆☆☆☆☆
画	整体感知	☆☆☆☆☆	☆☆☆☆☆	☆☆☆☆☆	☆☆☆☆☆
	画中物	☆☆☆☆☆	☆☆☆☆☆	☆☆☆☆☆	☆☆☆☆☆
	画中人	☆☆☆☆☆	☆☆☆☆☆	☆☆☆☆☆	☆☆☆☆☆
刻	认识阴阳刻	☆☆☆☆☆	☆☆☆☆☆	☆☆☆☆☆	☆☆☆☆☆
	"渊鉴斋"印	☆☆☆☆☆	☆☆☆☆☆	☆☆☆☆☆	☆☆☆☆☆
	了解畅春园	☆☆☆☆☆	☆☆☆☆☆	☆☆☆☆☆	☆☆☆☆☆

行

评价任务	评价要素	自评	同伴评	教师评	家长评
寻访畅春园	争做小导游	☆☆☆☆☆	☆☆☆☆☆	☆☆☆☆☆	☆☆☆☆☆
	寻访遗址	☆☆☆☆☆	☆☆☆☆☆	☆☆☆☆☆	☆☆☆☆☆
饲养蚕	蚕的"生长日记"	☆☆☆☆☆	☆☆☆☆☆	☆☆☆☆☆	☆☆☆☆☆
	课上交流	☆☆☆☆☆	☆☆☆☆☆	☆☆☆☆☆	☆☆☆☆☆

四、思考与总结

1. 通过学习《上簇图》,你对上簇及养蚕有了哪些了解?

2. 关于上簇这一劳动环节,你还想进行哪些方面的探究?

蚕的一生虽然短暂,却意义丰富。它不仅让人们有衣御寒,体会丰收的喜悦,同时令人思考舍与得之间的关系。通过学习《上簇图》,体会桑蚕劳动的辛苦与快乐,感受中华传统的桑蚕文化及农耕文明,培养劳动意识,提升劳动能力,汲取劳动智慧,传承劳动文化。

择 茧

《择茧图》

《择茧图》是织目的第十一幅图，描绘了两小儿在围观一对夫妇挑选蚕茧的画面。

农桑在中国封建社会处于非常重要地位，中国自古以来对蚕丝科学十分重视。东汉王充《论衡·自纪篇》记载："虫茧重厚，称其出丝，熟为多者。"明代黄省曾《蚕经》认识到："长而茧白者细丝之茧，大而晦色青葱者粗丝之茧。"《天工开物》对择茧说得更加明确："凡取丝必用圆正独蚕茧，则绪不乱。若双茧并四、五蚕共为茧，择去取绵用。或以为丝，则粗甚。"

择茧是养蚕流程中的重要环节，对茧质量的选择极大影响到丝质量及后续产品质量。

目标导引

1. 理解《择茧图》中两首诗的诗意，结合其创作背景，体会古代农业的重要性以及现代对农业的重视。
2. 知道"茧"字的演变和字义；并通过书画、诗歌理解和感受劳动的辛苦和快乐。
3. 了解桑蚕丝的来源和蚕丝制作加工的工序，感受劳动人民的智慧。
4. 了解桑基鱼塘生态循环的悠久历史及特色，感受现代农业对古代农业生产的传承与发展。

阶段目标					
知					
学段	画	诗	字	书	刻
幼儿阶段	对古画的感知与认识，简单识物。	简单诵读诗歌。	对书法初步认识。	了解形声字、基本字义。	认识阴刻和阳刻。
1～2年级	对古画的感知与认识，简单表达感受。	诵读诗歌，借助解析初步了解诗意。	正确握笔，对书法家初步认识，欣赏书法作品。	学习形声字、字形演变、基本字义。	认识阴刻和阳刻，了解印章与传统绘画的关系。
3～4年级	对古画的感知与认识，较为具体地表达感受。	诵读诗歌，借助解析了解诗意，体会诗中传达的思想。	正确握笔，了解有关书法家，欣赏书法作品，了解书法理论。	掌握形声字、字形演变、基本字义。	认识阴刻和阳刻，了解印章与传统绘画的关系。
5～6年级	对古画的感知与认识。对人物、风景的欣赏。	诵读诗歌，借助注释了解诗意，进一步体会诗中传达的思想。	正确握笔，了解有关书法家，欣赏书法作品，了解书法理论。	掌握形声字、字形演变、基本字义及其引申义。	认识阴刻和阳刻，掌握印章与传统绘画的关系。
行					
幼儿阶段	绘制蚕宝宝印章、了解桑蚕丝的来源。				
1～2年级	设计蚕宝宝印章，了解桑蚕丝的来源及制作加工工序，初步了解桑基鱼塘生态循环。				
3～4年级	设计蚕宝宝印章（可融入汉字元素），了解桑蚕丝的来源及制作加工工序，了解桑基鱼塘生态循环。				
5～6年级	设计蚕宝宝印章（可融入汉字元素），了解桑蚕丝的来源及制作加工工序，了解桑基鱼塘生态循环，欣赏织绣工艺品。				

课程实施
计划分为4课时。 第1～2课时：通过"画""诗""字""书""刻"整体感知《择茧图》。 第3～4课时：结合第1～2课时的内容，带领学生进行蚕元素印章设计和丝绸文化研学活动，在实践中加深对择茧这一劳动环节有关知识的理解和认同。

课程评价	
知	
画	探究绘画：将绘画与自然相融合，探究各种问题。
诗	体会诗意：能大体把握诗意，想象诗歌描述的劳动场景，感受劳动的辛苦与快乐。
字（书）	书写汉字：在书写中体会汉字的优美，有良好的书写习惯。
刻	印章文化：了解有关印章的文化，提高传统文化的审美意识。

续表

课程评价		
行		
设计绘制个人 专属印章	参与积极：积极了解关于印章篆刻的知识。	
	制作合理：能将关于印章篆刻的知识合理用于设计蚕宝宝印章。	
	图文并茂：通过图文搭配等方式完成蚕宝宝印章绘画创作。	
了解桑蚕丝的 来源及制作 加工工序	参与积极：积极主动参与到了解桑蚕丝的来源及制作加工工序的活动中。	
	资料整理：活动过程中认真查找资料，补充记录有关桑蚕丝的来源及制作加工工序的知识。	
	活动记录：通过图文结合等方式完成蚕丝制作加工的工序研究报告。	
了解桑基鱼塘 生态循环	参与积极：积极主动了解桑基鱼塘生态循环有关知识。	
	资料整理：活动过程中主动查找资料，进行记录整理，了解桑基鱼塘的生态循环原理。	
	活动记录：填写桑基鱼塘生态循环研究报告。	

一、知

（一）画

请仔细观察，说说下图中有哪些人物。

思考并说一说，下面这几幅图中的人物分别在做什么？

（二）诗

康熙题诗

识文

观 间 拣 因 中 深 亦 纩 堪 冰
　 次 取 材 自 寒 藉 重 作 茧
　 第 筐 法 有 就 御 绵 素 方

吟诵

冰茧①方堪作素纨②，
重绵亦藉御深寒。
就中自有因材法，
拣取筐间次第观。

注释

① 冰茧：冰蚕所结的茧，常用作普通蚕茧的美称。
② 素纨：白色细绢，可用以制衣、书写等。唐朝李益《立春日宁州行营因赋朔风吹飞雪》诗："捐扇破谁执，素纨轻欲裁。"

译文

　　冰蚕所结的茧才可以做成白色细绢，厚重的丝绵也可以抵御深冬严寒。这其中自然有取材的方法，从筐间（蚕茧）中按品质进行挑选即可。

楼璹题咏

识文 →

择茧
大茧至八蚕 小茧止独蛹
茧衣绕指柔收拾拟何用冬
来作缥綐与儿御寒冻衣帛非不能
债多租税重。

↓ 吟诵

择茧
大茧至八蚕①，小茧止独蛹②。
茧衣绕指柔，收拾拟何用。
冬来作缥③綐④，与儿御寒冻。
衣帛⑤非不能，债多租税重。

注释

① 八蚕：一年八熟的蚕名。三国时期吴国培育的一种蚕，一年八次出茧，也就是一年八熟，因此名曰"八辈之蚕"。
② 独蛹：即单宫茧，是上等好的蚕茧。
③ 缥：轻巧的丝织物（如旗帜上的飘带等）。
④ 綐：同"纩"，棉絮。另，古代量词，一綐为八十缕。
⑤ 帛：顶级丝制布条、白色丝织布条。

译文

　　大的蚕茧一年八熟，从中选取小的单宫茧。茧软而薄，丝弱绵细，茧丝绕在手指上很细腻，收好后提前安排好用途。冬天的时候拿来做成丝棉絮，给我儿御寒。蚕农想穿丝绸布料也不是不可以，但这些还要用来还债、交租、纳税。

 拓展知识

蚕茧的等级

　　上茧：可以用来缫丝、织绸、制作上等蚕丝被的原料。一粒上等茧的茧丝长度达 1000米以上，强度好，伸度佳，用它做成的任何产品都光泽如珠，自然美丽。

　　双宫茧：顾名思义，就是由两只蚕宝宝合作吐丝而成的一粒茧，因此，这个茧子特别大，但由于一个茧子由二条蚕吐丝而成，所以茧丝比较乱，不能缫丝。虽然无法加工成高

档的丝绸，但它的纤维韧性很好，并且纤维长度可以达到 1000 米以上。另一方面，由于双宫茧线头比较乱，拉制而成的蚕丝被交错性更好，也就在客观上更加牢固、耐用一些，正好是制作蚕丝被的上好选择。

次茧：有疵点，但程度较轻。这样的茧子虽然无法再加工成高级丝绸，但是茧子本身没有什么问题，也能做成比较好的蚕丝被。次级茧的价格相对便宜一点，用这种蚕茧做出的丝棉，没有上述两种那么蓬松均匀，在丝棉中"筋条"较多。

下足茧：有严重疵点的茧，比如，茧层被蚕（蛹）汁液污染严重的烂茧；茧层很薄的薄壳茧、蚕茧被蚕粪、排泄物污染渗入到茧层深度的重黄斑茧。由它们生产出来的蚕丝味道刺鼻、厚薄不均、颜色欠鲜亮。

蛹衬：简单说就是蚕茧缫丝后剩下来的最里面的薄茧层，俗称蛹衬，用它做出来的丝绵叫作蛹衬绵。蛹衬绵手感差，筋条多；丝的纤度较细强力差、弹性差，一扯容易断，使用半年以上容易结饼；由于蛹衬最贴近蛹体，所以蛹油味道大，污损重。用蛹衬绵做出来的被子蓬松度、保暖性和寿命大打折扣，质地还不如纯柞蚕丝被。

《红线毯》（节选）

唐·白居易

红线毯①，择茧缫丝②清水煮，拣③丝练线红蓝④染。

染为红线红于蓝⑤，织作披香殿⑥上毯。

披香殿广十丈余，红线织成可殿铺。

注释

① 红线毯：一种丝织地毯。此类红线毯是宣州（今安徽省宣城市）所管织造户织贡的。据《新唐书·地理志》宣州土贡中有"丝头红毯"之目，即此篇所谓"年年十月来宣州"的"红线毯"。

② 缫丝：将蚕茧抽为丝缕。

③ 拣：挑选。

④ 红、蓝：即红蓝花，叶箭镞形，有锯齿状，夏季开放红黄色花，可以制胭脂和红色颜料。

⑤ 红于蓝：染成的丝线，比红蓝花还红。

⑥ 披香殿：汉代宫殿名。汉成帝的皇后赵飞燕曾在此轻歌曼舞。这里泛指宫廷里歌舞的处所。

译文： 红线毯是南方女子经过采桑养蚕、择茧缲丝、拣丝练线、红蓝花染制等重重工序，日夜勤织而织就的。红线比红蓝花还要红，织成的毛毯铺在宫殿地上当作地毯。披香殿广阔到足有十丈多长，这些红线毯正好与宫殿地面的大小适合而铺满。

（三）字

泽（zé/zhái）

擇	擇	擇	择
金文	篆书	隶书	楷书	简体

"择"是会意字，金文从双手，从睪（zé），睪有伺视义，表示伺视后挑选；篆、隶、楷书从手（扌）、从睪，擇简化为择。

"择"本义是选取、挑选。引申义有：①捉，如"神武后见之，哀其憔悴，以膝承其首，亲为择虱。"（唐·李延寿《北史》）②通"殬"（dù），意思是败坏、不合法度。③挑剔，如择嘴（饮食挑剔）、择毛儿（吹毛求疵）。为以上意义时，读音为zé。④挑拣（与本义相同或相近），如摘菜，此时"择"读音为zhái。

茧（jiǎn）

絸	繭	繭	繭	茧
战国	小篆	隶书	楷书	简体

"茧"是会意字，像蚕开始吐丝形，只是所吐之丝尚少，稀疏像篱笆，还不足以将自身裹严。最早见于战国，小篆取其轮廓，象征茧壳，另加义符虫和糸，为蚕虫所吐丝之意。"隶变"之后楷书写作"繭"，"茧"为"繭"的简体字，上取蚕头形，下从虫为义。

"茧"本义是蚕吐丝做成的壳，"茧，蚕衣也。"（《说文》）

（四）书

《御制耕织图》是中国古代版画史上的一部传世经典，由清圣祖康熙为其题诗。康熙对古代书法家作品进行了较为广泛的临摹学习。《石渠宝笈》中著录了康熙临摹包括王羲之、王献之、智永、褚遂良、颜真卿、苏轼、黄庭坚、米芾、赵孟頫、董其昌、祝允明等名家书迹169件，其中临摹董其昌的作品最多，有63件。

康熙临董其昌书王维诗轴　　康熙行书柳条边望月诗轴

（五）刻

诗、书、画、印的结合，是中国画在发展过程中逐渐形成的。在宋代以前，画上是很少题字的，只是在不显眼的角落里写上作者姓名。到了宋代，一些诗人兼书法家的画家，开始在自己作的画上书一段题记或一首诗。从此，诗、书、画开始结合起来，"文人画"开始萌芽。元代时，"印"也加入了这个行列，直至明清两代，诗、书、画、印结合的艺术形式日臻完善。

郎世宁《花鸟图册》节选

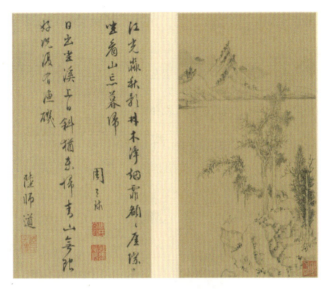

文徵明《山水册》节选

《乾隆宝薮》节选

说到印章，不得不提起有名的"盖章达人"乾隆皇帝。《乾隆宝薮》中记录的乾隆皇帝的印玺有 1000 余方。

"三希堂"印

工艺：阳刻。

鉴赏：三希堂是清高宗弘历即乾隆帝的书房。"三希"即"士希贤，贤希圣，圣希天"，士人希望成为贤人，贤人希望成为圣人，圣人希望成为知天之人，也就是鼓励自己不懈追求，勤奋自勉。

"十全老人"印	
工艺：阴刻和阳刻结合。 鉴赏：十全老人是乾隆的自称。乾隆曾自我总结一生有"十全武功"，自诩"十全老人"，并作《御制十全记》，令写满、汉、蒙、藏四种文体，建碑勒文。小小的印章中藏着乾隆皇帝对自己的要求和期许。	

印章同诗、书、画形成不可分割的整体，它本身作为一门艺术形式也越发细致和个性化。发展至今，它已不再是文人的专属，我们每个人都可以拥有自己的姓名章，也可以在生活中收集不同特色和文化元素的印章。

二、行

古人讲究"知行合一"。宋代诗人陆游《冬夜读书示子聿》云："纸上得来终觉浅，绝知此事要躬行"，说的便是这个道理。只从书本上学习理论知识是不够的，要想认识事物或事理的本质，还必须依靠亲身的实践。

"择茧"在现代农业生产中仍然是关键工序。虽然这一流程对我们来说较为陌生，但由"择茧图"所派生出的篆刻文化、字源发展，以及丝绸文化却是我们了解比较多的。下面就让我们一起"行"动起来吧。

 设计绘制个人专属印章（所有学段）

要求：有个人特色，有独特创意；融入蚕元素和汉字元素。
材料工具：水彩笔（或彩铅）、铅笔、橡皮、直尺。
建议：
幼儿和1～2年级学生，印章设计时不做文字要求。
3～4年级学生，可加入简单的汉字设计（如卡通字体"茧"等）。
5～6年级学生，在绘制印章图画的基础上，加入创意汉字元素（如篆书体"茧"等）
快来设计一枚个人专属印章吧。

蚕丝制作加工工序及桑基鱼塘循环研究（3～6年级）

　　丝绸是由蚕丝织造的纺织品，通过实践活动，让我们学习和了解蚕丝文化，探究桑基鱼塘的生态循环原理，从中感受古人的智慧。

问题提出

　　蚕丝从何而来？蚕丝的生产要经历哪些工序？而这些工序之间又有哪些联系？

研究目标

（1）认识桑蚕丝的来源和蚕丝制作加工的工序。
（2）查阅资料，了解桑基鱼塘的生态循环。
（3）欣赏古代织绣作品，感受古代劳动人民的智慧。

研究过程

（1）你已经知道哪些相关知识或信息？
（2）请通过查阅相关的图片、书籍、报告、视频等方式，针对研究目标进行资料收集。

完成实践报告

蚕丝制作加工工序研究报告

报告填写人：_____

蚕丝的历史由来

传说：嫘祖养蚕。
考古发现：约在_____年前中国已利用蚕丝制作丝线、编织丝带和简单的丝织品。

蚕丝的制作加工工序

蚕吃桑叶　　　　成茧　　　　煮茧

蚕丝原料（半成品蚕丝）　　手工抽丝　　　　剥茧

手工拉丝　　　　制被　　　　成品

桑基鱼塘生态循环研究报告

报告填写人：＿＿＿＿＿＿＿

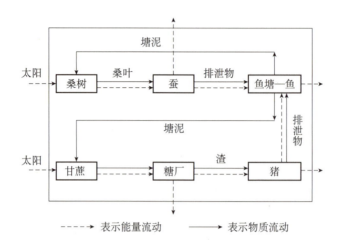

------→ 表示能量流动　　——→ 表示物质流动

请对照上图所示的生态循环过程，将下图的循环名称补充完整。

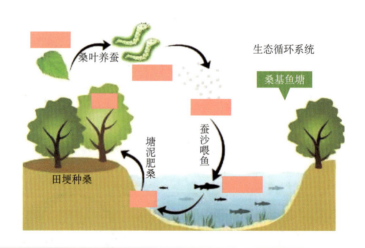

三、评价与提升

知

评价项目		自评	同伴评	教师评	家长评
诗	体会诗意	☆☆☆☆☆	☆☆☆☆☆	☆☆☆☆☆	☆☆☆☆☆
字（书）	书写汉字	☆☆☆☆☆	☆☆☆☆☆	☆☆☆☆☆	☆☆☆☆☆
画	探究绘画	☆☆☆☆☆	☆☆☆☆☆	☆☆☆☆☆	☆☆☆☆☆
刻	印章文化	☆☆☆☆☆	☆☆☆☆☆	☆☆☆☆☆	☆☆☆☆☆

行

评价项目		自评	同伴评	教师评	家长评
设计蚕宝宝印章	参与积极	☆☆☆☆☆	☆☆☆☆☆	☆☆☆☆☆	☆☆☆☆☆
	制作合理	☆☆☆☆☆	☆☆☆☆☆	☆☆☆☆☆	☆☆☆☆☆
	图文并茂	☆☆☆☆☆	☆☆☆☆☆	☆☆☆☆☆	☆☆☆☆☆
了解桑蚕丝的来源及制作加工工序	参与积极	☆☆☆☆☆	☆☆☆☆☆	☆☆☆☆☆	☆☆☆☆☆
	资料整理	☆☆☆☆☆	☆☆☆☆☆	☆☆☆☆☆	☆☆☆☆☆
	活动记录	☆☆☆☆☆	☆☆☆☆☆	☆☆☆☆☆	☆☆☆☆☆
了解桑基鱼塘生态循环	参与积极	☆☆☆☆☆	☆☆☆☆☆	☆☆☆☆☆	☆☆☆☆☆
	资料整理	☆☆☆☆☆	☆☆☆☆☆	☆☆☆☆☆	☆☆☆☆☆
	活动记录	☆☆☆☆☆	☆☆☆☆☆	☆☆☆☆☆	☆☆☆☆☆

四、思考与总结

1. 通过学习择茧，你对桑蚕丝的制作加工有了哪些了解？

2. 关于桑基鱼塘生态循环，你还想进行哪些方面的探究？

各尽所能　　　　化茧成蝶

清代学者阮元的《吴兴杂诗》云："深处种菱浅种稻，不深不浅种荷花。"只有做到物尽其用，地尽其利，方能实现价值最大化。正如《御制耕织图》中的择茧环节，不同等级的蚕茧可以发挥不同的价值，同样造福人类社会。人亦如此，各有各的抱负，各有各的处境，各有各的能力，各有各的环境，各有各的机遇。关键在于，要从实际需要和可能出发，人尽其才，最终实现个人价值。

 拓展阅读

国家非物质文化遗产——香云纱

香云纱是一种手工制造和染整制作的植物性染色面料，为珠江三角洲所特有，至今已有近千年的历史。由于制作工艺独特，制作时间较长，要求技艺精湛，因此，生产数量极少，同时因其穿着后涂层慢慢脱落露出褐黄色的底色而被称为"软黄金"。香云纱的出现，是广东两千多年丝织史上一块重要的里程碑，它也是海上丝绸之路的重要角色和文化符号，畅销海内外达一个多世纪，创造了广东丝织工业史和丝绸贸易史上的辉煌。

香云纱具体生产工艺流程如下：

先进行坯绸、精练、浸薯莨汁、晾晒。重复上述浸晒过程

香云纱面料

多遍。然后煮练、多次洗晒莨汁、再煮练、再多次洗晒莨汁、再煮、晒干、过泥、洗涤、晒干、摊雾、拉幅、整装。

缂丝

缂丝，又称"刻丝"，是中国传统丝绸艺术品中的精华。它是中国丝织业中最传统的挑经显纬、极具欣赏装饰性的丝织品。

缂丝能自由变换色彩，因而特别适宜制作书画作品。缂丝其实并非真的用刀来雕刻，这是一种以生蚕丝为经线，彩色熟丝为纬线，采用通经回纬的方法织成的平纹织物。按照预先描绘的图案，各色纬丝仅于图案花纹需要处与经丝交织不贯通全幅，用多把小梭子按图案色彩分别挖织，使织物上花纹与素地、色与色之间呈现一些断痕，类似刀刻的形象，这就是所谓"通经断纬"的织法。古人形容缂丝"承空观之如雕镂之像。"

缂丝技艺在宋代以后不断发展，至清代缂丝业中心已移至苏州一带，所用彩色纬丝多达6000种颜色，采用缂丝法临摹的名人书画，工艺精湛、形象逼真。缂丝制品至今仍然被作为高级工艺品生产、收藏。

紫檀木边缂丝花鸟图挂屏

织

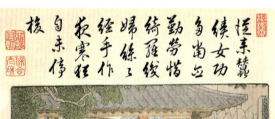

《织图》

"你耕田来我织布，我挑水来你浇园。"这是黄梅戏《天仙配》里的一段，反映了传统社会自给自足的生活方式。男人种地，女人织布，一个负责食物，一个负责衣服，这样基本生活就满足了。

本节要说的"织"，是农业生活的一项重要内容。织丝成布，其中有经纬，一丝一线之间是经纬天地的智慧，唐朝经学家孔颖达《春秋左传正义》道："中国有礼仪之大，故称夏；有服章之美，谓之华。""织"中也有服章之美和礼仪之美。本节一起走进"织"，体会"织"背后的服章之美，体会其中的礼仪之大。

《织图》是《御制耕织图》织目的第十七幅图，主要描绘了芒种时节织女织布的情景，表达了诗人对织女辛勤劳作的赞美之情。

<table>
<tr><td>目标导引</td></tr>
</table>

1. 了解《御制耕织图》及其价值，通过《织图》了解农耕文明，能够通过书法、名篇、诗歌感受文字的美好，与古人进行对话，体会劳动的美好。
2. 初步认识古代农业生产劳动的工具，了解织这一劳动环节。
3. 能够将所学知识运用于实际生活和学习中，培养计划和整理的能力与意识。
4. 体会劳动者的艰辛，增加对农业劳动的关注，培养能劳动、会劳动、爱劳动的优秀品质与传统美德。

古籍劳动课
Guji Laodong Ke

续表

阶段安排					
知					
学段	画	诗	字	书	刻
幼儿阶段	认识《织图》中的劳动工具。	诵读《织图》中的诗歌,简单了解诗词描绘的场景。	追根溯源中感受有趣的文字。	了解行书特点。	通过图片认识阴刻刀和阳刻。
1～2年级	认识《织图》中的劳动工具和劳动场景。	诵读《织图》中的诗歌,了解诗词大意。	在追根溯源中了解有趣的汉字。	了解行书特点,初步赏析名家书法。	认识阴刻刀和阳刻,初步了解刻法,学习盖章。
3～4年级	认识《织图》中的劳动工具和劳动场景,了解画中人物的编织活动。	诵读《织图》中的诗歌,借助注释翻译诗词大意。	在象形字、字形演变、字义、诗意中体会汉字的历史演变。	了解行书特点,进一步赏析名家书法,尝试临摹。	认识阴刻刀和阳刻,基本了解刻法,学习盖章。
5～6年级	认识《织图》中的劳动工具和劳动场景,了解画中人物的编织活动。	记诵名句、借助注释且用较有美感的语言翻译大意。	读字、品字、赏字。	了解行书特点,深入赏析名家书法,进行临摹。	认识阴刻刀和阳刻,深入了解刻法,学习盖章。
行					
幼儿阶段	寻找身边的编织物,了解华服,动手尝试经纬编织。				
1～2年级	动手尝试经纬编织,参观有关博物馆。				
3～4年级	动手尝试经纬编织、编字,参观有关博物馆。				
5～6年级	动手尝试经纬编织,编字,参观有关博物馆和科技馆。				

实施建议

计划分为4课时。

第1～2课时:通过"画""诗""字""书""刻"整体感知《织图》。

第3～4课时:开展行走中的研学活动,带领学生探访苏州博物馆,指导学生建立劳动课程任务群,开展家、校、社三位一体活动,在行走中加深对织这一劳动环节的理解、认同。

课程评价

知		
画	认真观察	认真、仔细观察古画中的人物、工具,整体感知古画内容和风格,从内容、色彩、构图赏析古画。
	整体感知	
	作品欣赏	
诗	诵读诗歌	有感情地进行吟诵,借助注释理解诗意,全面体会诗歌韵味。
	理解诗意	
	体味内涵	

续表

课程评价			
知			
字	了解字体	对字体进行解构，正确理解字义，通诗里乾坤，进一步感知"织"的内涵。	
	理解字义		
	体味内涵		
书	了解特点	充分了解行书特点，正确临摹字体，品味书法之美。	
	临摹字体		
	品味欣赏		
刻	认识阴阳刻	正确认识阴阳刻，了解康熙书斋名及文化内涵。	
	理解含义		
行			
经纬编织	参与积极	了解"织"的劳动过程与技术，积极参加手工劳动活动，独立完成手工制作品，借助图、文、视频对手工劳动作品进行展示。	
	活动过程		
	图文并茂		
探究苏州博物馆	参与积极	积极参加研学活动，独立完成研学日记，在研学活动中体会"织"的意义。	
	制作合理		
	图文并存		

一、知

（一）画

下图中的劳动工具是什么？图中的人在做什么？她们的穿着打扮有什么特点？

下图中窗户和房檐有什么特点？你能猜出来这是哪个地方的房子吗？

下面两幅图中的这些景物都是什么？你能想到哪些相关诗词？

《织图》的构图有什么特点？结合色环观察图的配色，说一说其配色特点以及给你带来的启示。

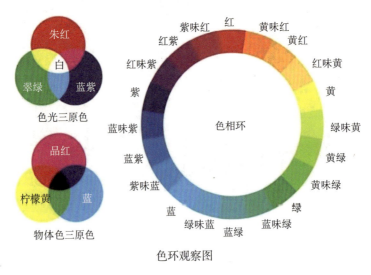

色环观察图

《簪花仕女图》

周昉《簪花仕女图》

　　《簪花仕女图》传为唐代周昉绘制的一幅粗绢本设色画。作品现藏于辽宁省博物馆。

　　画中描写了六位衣着艳丽的贵族妇女及其侍女于春夏之交赏花游园。画作不设背景，以工笔重彩绘仕女五人，女侍一人，另有小狗、白鹤及辛夷花点缀其间。全图六个人物的主次、远近安排巧妙，景物衬托少而精。两只小狗、一只白鹤、一株辛黄花使原本显得孤立的人物产生了左右呼应、前后联系的关系。半罩半露的透明织衫，使人物形象显得丰腴而华贵。用笔和线条细劲有神，流动多姿。浓丽的设色，头发的钩染、面部的晕色、衣着的装饰，都极尽工巧之能事，较好地表现了贵族妇女细腻柔嫩的肌肤和丝织物的纹饰。

　　《簪花仕女图》是周昉贵族人物画风格的代表。同时也体现出贵族仕女养尊处优、无所事事、游戏于花蝶鹤犬之间的生活情态。

　　《簪花仕女图》里的漂亮衣服，让人心向往之。说到"衣"，我们都知道是用"布"做的，那"布"是怎么做出来的呢？

蚕 —吐→ 丝 —?→ 布 —裁→ 衣

　　其实，化丝成布的秘密就是"织"，聪明的织女们用巧手在经纬之间成就了精美的布匹，布匹经过匠人的巧手又成了一件件华美的衣服。

（二）诗

康熙赋诗

 识文

梭自夜经妇绮勤绩从
来未寒手丝罗劳女来
停犹作丝织惜念功蚕

吟诵

从来蚕①绩女功多，
当念勤劳惜绮罗②。
织妇③丝丝经手作，
夜寒犹自未停梭④。

注释

① 蚕：一种昆虫，吃桑叶长大，它的丝可织绸缎，又叫桑蚕。"枯桑舒牙叶渐青，新蚕可浴日晴明。"（宋·苏辙《蚕市》）

② 绮罗：丝织品绮和罗。多泛指丝绸衣裳。"绮罗如梦锦如尘，香车宝马知何处。"（明·夏完淳《两同心有梦》）

③ 织妇：指从事纺织劳动的妇女。"织妇何太忙，蚕经三卧行欲老。"（唐·元稹《织妇词》）

④ 梭：织布时牵引纬线（横线）的工具，两头尖，中间粗，形状像枣核。"万事风前烛，百年梭过机。"（宋·王铚《用前韵寄洪驹父》）

译文

养蚕缫丝之事从来都是织女们付出得更多，她们的勤劳付出让我们身穿美丽衣服的时候要更加珍惜：一丝一线都是织女一点点纺织出来的，她们在寒冷的夜里都不舍得停歇。

思考

画中寻：诗中提到的事物，你能在画中找到吗？（比如：梭）

知节气：诗中织女织布时的节气，你觉得是哪一个，说出你的理由。

今日芒种，收割苎麻好织布。

——《谭嗣同全集·浏阳麻利述》

230

芒种，"芒"指的是一些有芒的作物，如稻、黍、稷等；而"种"，一为种子的"种"，一为播种的"种"。"芒种"之名含义就是"有芒之谷类作物可种，过此即失效"。民谚"芒种不种，再种无用"，讲的就是这个道理。

"芒种"一词，现存文字记载最早见于两汉时期的著作《周礼》："泽草所生，种之芒种。"水稻种植一般是在以水田种植为主的南方地区。北方地区是旱地农业，粮食作物以小麦为主。对于北方地区而言，"芒种"是麦子成熟的时节，因此，亦有将"芒种"的含义解释为"有芒的麦子快收，有芒的稻子可种。"

楼璹题咏

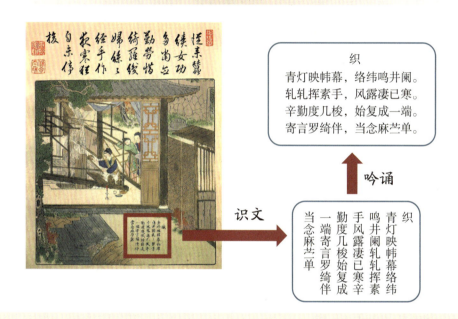

织
青灯映帏幕，络纬鸣井阑。
轧轧挥素手，风露凄已寒。
辛勤度几梭，始复成一端。
寄言罗绮伴，当念麻苎单。

识文 → 吟诵

织
青灯映帏幕络纬
鸣井阑轧轧挥素
手风露凄已寒辛
勤度几梭始复成
一端寄言罗绮伴
当念麻苎单

译文　烛火的光映在帏帐上，络纬在井边叫个不停。织女用手轧轧转动着织布机，夜深人静，渐渐起了风，露水也重了起来。织女还在来回梭布，在来回穿梭中，丝密密麻麻交织在一起成了布。当我们说到华美的丝绸衣服时，应当感念华美的衣服是贫寒的穿着麻布衣的织女辛勤劳作才有的。

（三）字

织（zhī）

把"织"字拆开，看看它有哪几部分？从中你发现了什么"秘密"？

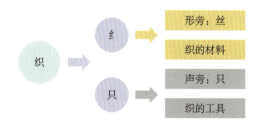

织 → 纟 → 形旁：丝 / 织的材料
织 → 只 → 声旁：只 / 织的工具

"织"是一个形声字，形旁是"丝"，声旁是"只"。作为形旁的"丝"，变成偏旁时为"纟"，称为"绞丝旁"。

𫄧	𢇻	織	織	织
金文	小篆	隶书	楷书	楷书

"织"字始见于战国文字（金文），左"糸"右"戠"；篆文从糸、戠（zhí）声；隶书、楷书都从篆文来。

"织"的本义是制作布帛，如"妇无公事，休其蚕织。"（《诗经·大雅·瞻卬》）可引申为编织，如"织，织文锦绮之属。"（《玉篇·系部》）这些意义的"织"字读"zhī"。还引申为丝织品，如"士不衣织。"（《礼记·玉藻》）这种意义的"织"字读"zhì"。

诗里乾坤

空织无经纬，求匹理自难。

——魏晋·无名氏《子夜歌四十二首·其六》

玳织鸳鸯履，金装翡翠簪。

——唐·令狐楚《杂曲歌辞·其一·远别离二首》

缣丝不足女工苦，疏织短截充匹数。

——唐·白居易《新乐府·阴山道·疾贪虏也》

其茎有轻丝，难织锦流黄。

——元初·耶律铸《采荷调》

耕织为业，不废诵与弦。

——元末明初·杨维桢《金处士歌》

季子西游穷困归，妻织自若嫂不炊。

——元·张羽《行路难》

当窗织，一织三太息。

——明·朱诚泳《当窗织》

欲织鸳鸯锦，须郎自解时。

——明·陈子龙《黄淡思歌·其二》

使织天孙锦，莫问邻姥样。

——清·魏源《行路难十三首·其四》

拓展知识

提到经纬，我们会想到地球仪上的经纬线。地球仪的经纬线可以确定位置，织布时通过设计，也可以织出图案，蜀锦就是这样织出来的。

蜀锦，四川省成都市特产，中国地理标志产品，被列入世界非物质文化遗产名录。蜀锦多用染色的熟丝线织成，用经线起花，运用彩条起彩或彩条添花，用几何图案组织和纹饰相结合的方法织成。蜀锦织品经纬比例恰当，分为经锦和纬锦两大类。以多重彩经起花的蜀锦为经锦，以多重彩纬起花的蜀锦为纬锦，其中经锦工艺是蜀锦独有的。

请同学们课后查找关于蜀锦的资料，进一步找寻蜀锦的奥秘吧。

（四）书

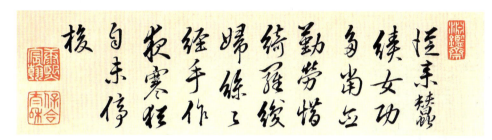

《御制耕织图》中的康熙赋诗采用的是行书字体。最著名的行书作品是东晋书法家王羲之的《兰亭集序》，前人以"龙跳天门，虎卧凤阁"形容其字雄强俊秀，被赞誉为"天下第一行书"。唐颜真卿所书《祭侄稿》，写得劲挺奔放，古人评之为"天下第二行书"。

（五）刻

盖章礼仪

一幅书画作品通常都有姓名章。姓名章是题款署名用章，姓名有连在一起的，也有分开的。一幅书法作品上盖两方姓名章时，最好一朱（阳文）一白（阴文），两章大小相宜。姓名章都是盖在落款的最尾处，表示这幅作品的出处。

古人用章讲究礼仪：凡卑幼致书尊长，当用名章；平辈间用字章；尊长给卑幼，用别号章即可。现代书画家张大千认为，姓名章的形状以"方形最好，圆形还可，若腰圆天然形等都不可用。"

有些作品还要用到闲章，这种章不是为了标识作者身份，而是以布局装饰为作用。

著名书法作品王羲之《兰亭集序》中被盖了很多章，我们一起来看一看、找一找，有谁盖了章，盖在了哪里。

神龙本《兰亭集序》（唐朝马承素摹，局部）

二、行

结合《织图》，在"亦游亦学"中感受"织"的劳动过程与魅力。行走苏州博物馆，加深对"织"的认知以及对劳动人民智慧和辛劳的感悟，体悟"华夏之美"的内涵。

任务一　经纬编织

活动一：编制杯垫

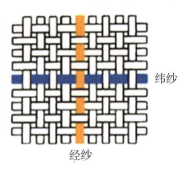

纬纱

经纱

材料工具：麦秆或纸条、胶水。

（温馨提示：选取较长的材料，更加方便进行编织）

步骤：

（1）处理麦秆或者将纸搓成纸条备用；

（2）摆好经纬；

（3）"压一过一"进行编织；

（4）用胶水封边。

活动二：编字

材料工具：卡纸、白纸、笔、剪刀。

步骤：

（1）在白纸上画 20×20 的格子作为经纬，并将想编织的字在纸上设计好，注意构图；

（2）选取一张卡纸按格子竖向剪成宽度一致的条状，选择另一张与之颜色相配的卡纸类似梳子剪开；

（3）按照设计图进行编织；

（4）编织成字。

任务二　探究苏州博物馆

"读万卷书，行万里路。"了解了"织"背后的故事和内容，有机会去苏州博物馆看一看吧。

苏州博物馆

苏州博物馆成立于1960年，馆址太平天国忠王府，是国内保存完整的太平天国历史建筑物。

1999年，苏州市委、市政府邀请世界华人建筑师贝聿铭设计苏州博物馆新馆。2006年10月6日，苏州博物馆新馆建成并正式对外开放。新馆占地面积约10700平方米，建筑面积19000余平方米，加上经过修葺的太平天国忠王府，总建筑面积达 26500 平方米，投资达 3.39 亿元，是一座集现代化馆舍建筑、古建筑与创新山水园林三位一体的综合性博物馆。

走进苏州博物馆，可以体验古代劳动人民的织造智慧，观察"华服"的细节，感受古人的服饰礼仪之美，你是不是也很心动？那就一起加入吧！

活动概况								
课程主题	行走——苏州博物馆。							
课程简历	对苏州博物馆进行研学活动，了解其历史发展和文化底蕴。							
时间安排	1～2 课时。							
适合年龄	3～6 年级。							
涉及学科	历史、科学、语文。							
研学方式	前往苏州博物馆参观、研学。							
活动设计								
活动小组人员：								
学前准备	活动内容							
	活动计划	出行物品清单						
		出行时间		年　月　日　时　分				
		出行方式						
		路线设计						
		预计返程时间		年　月　日　时　分				
活动实施	目标： 过程：							
学后总结	目标完成情况： 其他收获： 经验或建议：							
作品展示	行走手记（文字、绘画、摄影、文创作品等）							

三、评价与提升

知

	评价项目	自评	同伴评	师评	家长评
诗	诵读诗歌	☆☆☆☆☆	☆☆☆☆☆	☆☆☆☆☆	☆☆☆☆☆
	理解诗意	☆☆☆☆☆	☆☆☆☆☆	☆☆☆☆☆	☆☆☆☆☆
	体味内涵	☆☆☆☆☆	☆☆☆☆☆	☆☆☆☆☆	☆☆☆☆☆
字	了解字体	☆☆☆☆☆	☆☆☆☆☆	☆☆☆☆☆	☆☆☆☆☆
	理解字义	☆☆☆☆☆	☆☆☆☆☆	☆☆☆☆☆	☆☆☆☆☆
	体会内涵	☆☆☆☆☆	☆☆☆☆☆	☆☆☆☆☆	☆☆☆☆☆
书	了解特点	☆☆☆☆☆	☆☆☆☆☆	☆☆☆☆☆	☆☆☆☆☆
	临摹字体	☆☆☆☆☆	☆☆☆☆☆	☆☆☆☆☆	☆☆☆☆☆
	品味欣赏	☆☆☆☆☆	☆☆☆☆☆	☆☆☆☆☆	☆☆☆☆☆
刻	认识阴阳刻	☆☆☆☆☆	☆☆☆☆☆	☆☆☆☆☆	☆☆☆☆☆
	理解印章含义	☆☆☆☆☆	☆☆☆☆☆	☆☆☆☆☆	☆☆☆☆☆
画	认真观察	☆☆☆☆☆	☆☆☆☆☆	☆☆☆☆☆	☆☆☆☆☆

行

	评价项目	自评	同伴评	师评	家长评
经纬编织	参与积极	☆☆☆☆☆	☆☆☆☆☆	☆☆☆☆☆	☆☆☆☆☆
	生长体验	☆☆☆☆☆	☆☆☆☆☆	☆☆☆☆☆	☆☆☆☆☆
	活动记录	☆☆☆☆☆	☆☆☆☆☆	☆☆☆☆☆	☆☆☆☆☆
探究苏州博物馆	参与积极	☆☆☆☆☆	☆☆☆☆☆	☆☆☆☆☆	☆☆☆☆☆
	研学活动	☆☆☆☆☆	☆☆☆☆☆	☆☆☆☆☆	☆☆☆☆☆
	研学手记	☆☆☆☆☆	☆☆☆☆☆	☆☆☆☆☆	☆☆☆☆☆

四、思考与总结

1.通过《织图》的学习，你收获了什么，你对"织"的哪部分最感兴趣？为什么？
2.你对"华夏之美"有怎样的理解？

3. 在未来的学习中，你还想进一步研究什么？

在《织图》学习中，我们不仅感受到了古籍的艺术之美，也感受到了中华传统农耕文明的智慧。

"华夏"一词最早见于《尚书·周书·武成》："华夏蛮貊，罔不率俾。"唐朝经学家孔颖达《春秋左传正义》："中国有礼仪之大，故称夏；有服章之美，谓之华。"意即因中国是礼仪之邦，故称"夏"，"夏"有高雅的意思；中国人的服饰很美，故作"华"。服章之美背后不仅是礼的回归更是文化的表达。

 拓展阅读

诗经·裳裳者华

《诗经》是中国古代诗歌开端，是最早的一部诗歌总集。《诗经》里也有关于"织"的描写，如《诗经·裳裳者华》。

> 裳裳者华
>
> 裳裳者华，其叶湑兮。我觏之子，我心写兮。我心写兮，是以有誉处兮。
>
> 裳裳者华，芸其黄矣。我觏之子，维其有章矣。维其有章矣，是以有庆矣。
>
> 裳裳者华，或黄或白。我觏之子，乘其四骆。乘其四骆，六辔沃若。
>
> 左之左之，君子宜之。右之右之，君子有之。维其有之，是以似之。

译文

鲜艳明媚的花朵，叶子长得很繁盛。我遇见了那个人，我的心事得吐露。我的心事得吐露，因此可以享安乐。

鲜艳明媚的花朵，黄色绚丽又盛美。我遇见的那个人，他有礼乐有法度。他有礼乐有法度，因此可以享吉庆。

鲜艳明媚的花朵，有黄色也有白色。我遇见的那个人，他乘四骆所拉车。他乘四骆所拉车，六根缰绳甚服贴。

从左走啊从左走，君子应对很合宜。向右走啊向右走，君子能够做到它。君子能够做到它，因此可以继先制。

经

《经图》

经过浴蚕、上簇、择茧等一系列的工序，人们开始梳理经线作为织布的标准和准备工序。《经图》是《御制耕织图》的第十九幅图，而"经"也是纺织的一个小小缩影。同时，从梳理经线中还能了解"经纶天下之大经"的道理。

目标导引
1.了解梳理经线在纺织中的重要性，知道梳理经线的步骤，能够通过《经图》中的诗歌、图画感受梳理经线的乐趣，想象纺织劳动的画面，欣赏其诗歌的文学美和画面美。
2.从科学、中医、农业、书法和篆刻等角度深入理解梳理经线这一概念，实现德智体美劳五育并举。
3.初步掌握纺织的基本操作，体会纺织工人的辛劳，学会珍惜劳动成果，提升分工合作的能力。
4.锻炼梳理经线的动手能力，能够通过为母亲梳头、整理桌椅等日常生活事务，体会梳理经线这一纺织工作，养成热爱劳动的习惯，从而更加感恩父母、爱护班集体，更加自觉地遵守班级和社会准则。

阶段安排				
知				
学段	画	诗	字	书	刻
幼儿阶段	能对《经图》中的人物行为和物品进行简单识别。	诵读、简单了解《经图》诗歌描绘场景。	初步了解字形、演变、字义。	初步了解行书特点。	认识阴刻和阳刻。

续表

阶段安排					
1～2年级	通过《经图》认识"经"这道工序所使用的生产工具。	诵读、简单了解《经图》中的诗歌，诗歌描绘的场景。	了解形声字、字形、演变、字义。	了解行书特点。	认识阴刻和阳刻，初步了解刻法。
3～4年级	了解生产工具，了解《经图》线条和透视画法。	诵读《经图》中的诗歌，借助注释翻译诗歌大意。	了解形声字、字形、演变、本义及引申义（基本），进行知识拓展。	了解行书特点，初步赏析名家书法，临摹"经"字。	认识阴刻和阳刻，基本了解刻法。
5～6年级	认识生产工具，模仿《经图》线条和透视画法，了解江南茶文化和服饰特点	记诵名句，借助注释且用较有美感的语言翻译其大意。	了解形声字、字形、演变、本义及引申义（深度），进行知识拓展。	了解行书特点，进一步赏析名家书法，临摹更多字体的"经"字。	认识阴刻和阳刻，深入了解刻法。

行	
幼儿阶段	参与梳理经线、给母亲梳头、编织美好童年、校园文化节等活动。
1～2年级	参与行走首都博物馆、梳理经线、编织美好童年、校园文化节等活动，完成各项活动任务（较简单）。
3～4年级	参与行走首都博物馆、梳理经线、编织美好童年、校园文化节等活动，完成各项活动任务（难度中等）。
5～6年级	参与行走首都博物馆、梳理经线、编织美好童年、校园文化节等活动（参与度和难度相对较高）。

课程实施
计划分为4课时。 第1课时：通过"画""诗""字""书""刻"部分的学习，了解《经图》的内容、价值等。 第2课时：结合第一课时讲解"知"部分的知识，带领学生行走首都博物馆。 第3～4课时：指导学生开展劳动课程任务群，开展家、校、社三位一体活动，在"行"中加深对"经"这一劳动过程的理解和认同。

课程评价		
知		
画	认真观察	认真、仔细观察古画中的人物、工具，整体感知古画内容和风格，从题材内容、思想情趣、笔墨内容赏析古画。
	整体感知	
	作品欣赏	
诗	诵读诗歌	有感情地进行吟诵，借助注释理解诗意，全面体会诗歌韵味。
	理解诗意	
	体味内涵	
字	了解字体	正确对字体进行解构，全面理解字义，通过成语拓展和诗里乾坤掌握"仓"字的含义和用法。
	理解字义	
	体会内涵	

续表

课程评价		
书	了解特点	充分了解行书特点，正确临摹字体，品味书法之美。
	临摹字体	
	品味欣赏	
刻	认识阴刻和阳刻	正确认识阴刻和阳刻，了解康熙书斋名。
	理解"宸翰""太合保和"	
行		
行走——北京中轴线、大美中国	参与积极	积极参加活动，了解中轴线历史，了解各地区农业差异和文化，能用图片和视频进行记录。
	活动过程	
	图文并茂	
七夕节——梳理经线	参与积极	在七夕节情景下，积极参加手工活动，拼装纺织机，进行经线梳理，对手工作品进行展示。
	活动过程	
	图文并茂	
中华孝道——母亲节	参与积极	在母亲节情景下，积极参加感恩母亲活动，仿照梳理经线的方式为母亲梳头，并通过图片、文字和视频进行展示。
	活动过程	
	图文并茂	
编织美好童年——儿童节	参与积极	在儿童节情景下，积极参加编织手工制作，制作过程合理，并通过图片、文字和视频进行展示。
	制作合理	
	图文并存	
校园文化节——棋中经纬	参与积极	在校园文化节情景下，参与围棋、五子棋和象棋比赛，感受棋中经纬，并通过图片、文字和视频进行记录。
	活动过程	
	图文并存	

一、知

（一）画

整体感知：观察画面的内容。

下图中有三位女性，三人分工不同，其中两个人在梳理经线，另一个在转动滚轴。她们的服饰样式多，颜色丰富，可见当时的纺织较为成熟。图中小孩在玩耍，没有见到成年男子，可见古代是男耕女织，画面是一派农耕生活怡然自得的景象。图中场景是一个庭院，有一些纺织用品，通过人物服装的厚度可知道天气较为凉爽。

观察并说一说下图中房屋、植物的线条及画法。

找一找下图中有哪些纺织工具，并说一说其用途。

认识梳经工具——轴架式梳经机，它由两部分组成，一高一矮，连有滚轴。

经纬编织品　　　锥子

你还能从下图中观察到织女们怎样的生活方式？

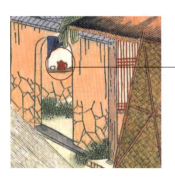

茶具
体现了江南的茶文化。想象一下
织女们劳动后，一起沏茶品茶、
笑语闲谈的画面。

下图中织女们的服饰有哪些特点？结合《成衣图》分析一下。

（二）诗

康熙赋诗

 识文

看 绡 已 桑 机 罗 分 兰 织
匹 作 来 阴 鸣 纨 理 牵 纴
练 吴 往 里 制 丝 精
吴 里 鸣 制 季

 吟诵

织纴精勤有季兰①，
牵丝分理制罗纨②。
鸣机来往桑阴里，
已作吴绡③匹练④看。

注释

① 季兰：古代少女名字，也有说季兰为佩兰草的少女。参阅《左传·襄公二十八年》"季兰尸之，敬也。"这里指从事蚕桑纺织的年轻女子。
② 罗纨：泛指精美的丝织品。
③ 吴绪：吴地所产用生丝织成的薄纱或薄绢，以轻、薄著名。
④ 匹练：成匹的长幅白绢，常用来形容奔驰的白马、光气、瀑布、水面、云雾等。

译文

　　院落里，几个正在专心勤劳纺织的少女，为了更好地完成精美的丝织品，将线密密麻麻地绷起来，来回梳理着经线。织布机的鸣响声回荡在桑树荫下，成匹的雪白薄绢看起来已经初具雏形。

楼璹题咏

经①

素丝头绪多，羡君好安排。
青鞵②不动尘，缓步
脉脉③意欲乱，眷眷④首重回。
王言正如丝，亦付经纶才。

吟诵

识文

素丝头绪多羡君
好安排青鞵不动
尘缓步交去来脉
脉意欲乱眷眷首
重回王言正如丝
亦付经纶才。

注释

① 经：织布之前，把纺好的纱或线密密地绷起来，来回梳整，使成为经纱或经线。
② 青鞵（xié）：鞵，同"鞋"，指草鞋。
③ 脉（mò）脉：凝视的样子。如"盈盈一水间，脉脉不得语。"（汉·佚名——《迢迢牵牛星》）
④ 眷眷：表达念念不忘、依恋不舍之情，也作"睠睠"。

| 译文 | 白丝千头万绪，让我不禁羡慕你的好计划呀！我的草鞋尘埃未染，缓缓迈着步子来来回回走着。眼眸默默凝望但心里仿佛早已乱了分寸，蓦然回首间太多不舍之情涌上心头。君王，您的话就如丝一般，看似细微，传到外面却有着巨大的影响。 |

拓展知识

王言如丝，其出如纶：形容君王讲的话虽很细微，但却具有相当大的威力和作用。出自"子曰，'王言如丝，其出如纶；王言如纶，其出如綍（fú）。故大人不倡游言。'"（春秋《礼记·缁衣》）

经纶：整理蚕丝。比喻筹划、处理国家大事。也指治理国家的抱负和才能。"唯天下至诚，为能经纶天下之大经，立天下之大本，知天地 之化育。"（春秋《礼记·中庸》）

（三）字

经（jīng）

亞　輕　経　經　经
金文　小篆　隶书　楷书　简体

"经"字原作"亞"。三条纵行的曲线象征纵线；"一""工"合起来是织机的简略形象。小篆以后加"系"旁以表意。

本义：织布机上的纵线，与纬线横向相对。

表现织女整理经线场景的现代手工艺品

拓展知识

引申义一：南北纵贯的道路或土地。

你知道北京中轴线吗？中轴线的意义是什么？

引申义二：今称地理学上假设通过地球南北极与赤道垂直的东西分度线为经。

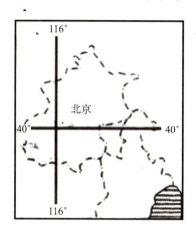

北京处于北纬40°，东经116°

引申义三：历来被尊奉为典范的著作。

五经何谓？谓易、尚书、诗、礼、春秋也。（汉·班固《白虎通义·五经》）

引申义四：常道，指常行的义理、准则、法制。

历史小故事——天经地义

公元前520年周景王姬贵死后，按习俗由他正夫人所生的太子姬敬继位。但是，景王生前曾与大夫宾孟商讨过，打算立非正夫人所生的长子姬朝为太子。于是，周王室发生了激烈的王位之争。在这种情况下，晋顷公召集各诸侯国的代表商讨如何使王室一致安宁。参加商讨的有晋国的赵鞅、郑国的游吉、宋国的乐大心等。晋国的赵鞅向郑国的游吉请教什么叫"礼"。游吉回答："我国的子产大夫在世时曾经说过，礼就是天之经、地之义，也就是老天规定的原则、大地施行的正理！它是百姓行动的依据，不能改变，也不容怀疑。"赵鞅对游吉的回答很满意，表示一定要牢记这个道理。其他诸侯国的代表听了，也大都表示有理。接着，赵鞅提出各诸侯国应全力支持姬敬，为他提供兵卒和粮草。后来，晋国的大夫率领各诸侯国的军队，帮助姬敬登上王位，结束了周王室的王位之争。

请观察农民进行插秧、收割的劳作线路，以及秧苗的排列方式、灌溉的水线方向，是不是很像经线？

插秧

灌溉

收割

引申义五：中医有"经脉"的说法，经脉即人体气血运行的通路。

你知道武侠小说中的打通任督二脉是什么意思吗？任督二脉就是经脉。中医中也有"五经"，即肝、心、脾、肺、肾五脏的经脉。

（四）书

《经图》中诗作书法的书写特点：采用自上而下，由右至左的"经"式的书写方式。

请仿照以上书法作品自上而下、从右往左的方式进行书写。

（五）刻

观察一下《经图》中的印章，你发现了吗？篆刻文字也遵循与书法相同的书写方式。

二、行

行的部分从行走——北京中轴线、行走——大美中国和节中经纬三个部分展开活动。

 行走——北京中轴线

中国自古有北极崇拜的居中观。这种居中观与原始聚落形态的结合促进了城市中轴线的产生。

直到元朝才出现了最接近《周礼·考工记》提出的理想都城的模式，确立了今天北京中轴线的雏形。明清时期，北京中轴线正式形成并不断完善。

北京中轴线南面起自已被拆除的永定门中心点，向北经过正阳门、天安门、午门、太和殿、中和殿、保和殿、乾清宫、坤宁宫、神武门、景山最高点万春亭、寿皇殿、鼓楼，最后直抵钟楼的中心点，全长 7.86 千米。

北京景山公园中轴线高视角全景

中轴线上的主体建筑平衡对称、高低有别、错落有序，形成一幅独特而壮美的画卷。中轴线既是北京城市框架的脊梁，又是展现北京历史文化名城风采的主线。让我们在厚重历史的浸润中探究历史，感受其壮美。

活动概况	
研学主题	行走——北京中轴线。
研学目标	了解中轴线历史发展和文化底蕴。
时间安排	1 课时。
适合学段	小学 1～6 年级。
涉及学科	历史、科学、语文。
研学方式	参观有关展览、中轴线实地游览。

古籍劳动课
Guji Laodong Ke

续表

活动设计				
关键问题：1.计划从这次研学课程探寻到那些答案？ 　　　　2.准备怎么实现活动目标？				
活动小组人员：				
学前准备	活动内容			
	制定活动计划	出行物品清单		
		出行时间	年　月　日　时　分	
		出行方式		
		路线设计		
		预计返程时间	年　月　日　时　分	
活动实施	目标： 过程：			
活动总结	目标完成情况： 其他收获： 经验或建议：			
作品展示	行走手记（文字、绘画、摄影、文创作品等）			

任务二　行走——大美中国

　　经纬天地，大美中国。天南地北之间农作物各异。每个地区都有不同的农业特色。

活动概况	
研学主题	行走——大美中国。
研学目标	探寻中国各地区农业特色，了解其历史发展和文化底蕴。

活动概况	
时间安排	1 课时。
适合学段	3 ~ 6 年级。
涉及学科	历史、科学、地理、语文。
研学方式	参观有关展览、分组前往有代表性的农田实地游览。

活动设计			

关键问题：1. 计划从这次研学课程探寻到哪些答案？
　　　　　2. 准备怎么实现活动目标？

活动小组人员：

学前准备	活动内容		
	制定活动计划	出行物品清单	
		出行时间	年　月　日　时　分
		出行方式	
		路线设计	
		预计返程时间	年　月　日　时　分
活动实施	过程：		
活动总结	目标完成情况： 其他收获： 经验或建议：		
作品展示	行走手记（文字、绘画、摄影、文创作品等）		

任务三 节中经纬

中国传统文化纵横上下五千年，通过节中经纬活动的各项任务，令同学们感受节中经纬的趣味，并实现劳动教育的意义。

活动一：七夕节——梳理经线

鹊桥仙·纤云弄巧

秦观〔宋代〕

纤云①弄巧②，飞星③传恨，银汉④迢迢暗度。

金风玉露一相逢，便胜却人间无数。

柔情似水，佳期如梦，忍顾鹊桥归路！

两情若是久长时，又岂在朝朝暮暮。

注释

①纤云：轻盈的云彩。

②弄巧：指云彩在空中幻化成各种巧妙的花样。

③飞星：流星。一说指牵牛、织女二星。

④银汉：银河。

一年一度"乞巧节"（又名"七夕节"）就要来了。牛郎哥哥盼着织女姐姐再相会，然而织女姐姐的女红还没有完成，让我们一起帮帮忙，让牛郎织女在七月初七这日准时赴约，共吟《鹊桥仙》。

活动主题	帮助织女完成纺织第一步——梳理经线
材料	织布机模型手工材料包：框架、线轴等木质部件，螺丝，织布机经线，彩色棉线，梭子。
制作步骤	将材料配件等进行组装。 将经线缠好。

续表

活动主题		帮助织女完成纺织第一步——梳理经线
劳动评价	核心素养	主要表现特征。
	劳动观念	积极、愉快地参加劳动，养成合作劳动的观念。
	劳动能力	熟练使用纺织工具，并缠绕经线。
	劳动习惯和品质	认真完成劳动任务，劳动过程中注意力集中，能规范使用工具，主动整理桌面，将废弃材料投入相应的垃圾桶，保持桌面干净整洁。
	劳动精神	遇到困难努力解决，对作品品质要求高，通过劳动体会劳动人民艰辛。

活动二：中华孝道——母亲节

掌握了梳理经线的方法，请同学们在母亲节可以用自己学过的梳经方法来为妈妈梳头。

活动主题		帮妈妈梳头
材料		梳子一把、橡皮筋数根、录像设备一部。
制作步骤		根据头发纹理有序自上而下进行梳顺。 可以为长发的妈妈或其他亲人进行编织麻花辫。 1. 头发分成三股。 2. 交叉编织。 3. 绑上橡皮筋。
劳动评价	核心素养	主要表现特征。
	劳动观念	积极、愉快地参加劳动，养成热爱劳动的观念。
	劳动能力	熟练使用梳理工具，基本掌握编织方法。
	劳动习惯和品质	认真完成劳动任务，在劳动过程中注意力集中，能规范使用工具，能主动整理内务，养成好的生活劳动习惯。
	劳动精神	遇到困难努力解决，通过劳动学会感恩。

活动三：编织美好童年——儿童节

材料		彩绳数根、吸管数根、小剪刀一把。

|  | 制作吸管手环  | 制作小背篓  |

活动四：校园文化节——棋中经纬

棋以喻道

棋法阴阳，道为经纬。小小棋盘，经纬之间，却有乾坤。

博弈如兵

方寸棋盘包含了乾坤之道，下棋之人对弈时所表现出的杀伐阵阵，起起伏伏，都宛如军事战场的再现。优势、劣势、胜势、绝境，都是围棋和军事共有的境遇，是对身在其中的情感、意志、品格等全方位的考验。军事家可以从棋局中得到辩证思维的锻炼，善弈者无意间也能从棋局中悄然得到军事智慧。

对弈之五子棋

五子棋规则：分为白棋和黑棋，通过相互对垒取得胜利，任意方向满五个即可胜利。

对弈之象棋

象棋规则：中国象棋由棋盘和棋子组成，棋盘被河界分为两边，称楚河汉界，棋子也分红色和黑色，每种颜色的棋子共十六个，共分为七个兵种，双方棋子除了颜色不一样，功效完全相同。

入门诀：马走日，象走田，卒子一去不回还；车是一杆枪，炮是隔山箭，老将老士不出院。

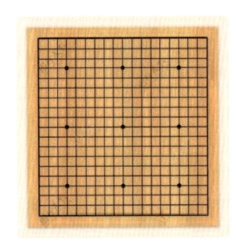
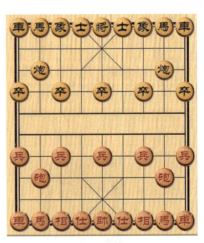

对弈之围棋（选学）

围棋规则：黑白子各 180 个。盘面有纵横各 19 条等距离、垂直交叉的平行线，共构成 19×19=361（个）交叉点，黑白两方轮流着子，最后以活棋之间围住的点的个数多者为胜。

落子无悔

棋盘规则：落子无悔。

人们常说："人生如棋，落子不悔。"其实，落棋不悔，说的不只是棋德。下棋也好，人生也罢，输赢乃兵家常事，赢了不必张狂，输了也该拿得起、放得下。输一盘棋，可以重来，人生之路，虽需谨慎，也不必如履薄冰，同样要有胜不骄、败不馁的胸襟。

坐隐忘忧

方圆黑白之间，蕴涵着一个无限丰富的世界。这个世界因人的智慧而开启，因媲美军事的厮杀予夺而让对弈者酣畅淋漓，更因屏气凝思的方式暗合了文人淡泊自然的生活意趣而备受喜爱。

三、评价与提升

知

	评价项目	自评	同伴评	师评	家长评
诗	诵读诗歌	☆☆☆☆☆	☆☆☆☆☆	☆☆☆☆☆	☆☆☆☆☆
	理解诗意	☆☆☆☆☆	☆☆☆☆☆	☆☆☆☆☆	☆☆☆☆☆
	体会内涵	☆☆☆☆☆	☆☆☆☆☆	☆☆☆☆☆	☆☆☆☆☆
字	了解字体	☆☆☆☆☆	☆☆☆☆☆	☆☆☆☆☆	☆☆☆☆☆
	理解字义	☆☆☆☆☆	☆☆☆☆☆	☆☆☆☆☆	☆☆☆☆☆
	体味内涵	☆☆☆☆☆	☆☆☆☆☆	☆☆☆☆☆	☆☆☆☆☆
书	了解特点	☆☆☆☆☆	☆☆☆☆☆	☆☆☆☆☆	☆☆☆☆☆
	临摹字体	☆☆☆☆☆	☆☆☆☆☆	☆☆☆☆☆	☆☆☆☆☆
	品味欣赏	☆☆☆☆☆	☆☆☆☆☆	☆☆☆☆☆	☆☆☆☆☆
刻	认识阴刻和阳刻	☆☆☆☆☆	☆☆☆☆☆	☆☆☆☆☆	☆☆☆☆☆
	理解"宸翰"、"太合保和"	☆☆☆☆☆	☆☆☆☆☆	☆☆☆☆☆	☆☆☆☆☆
画	认真观察	☆☆☆☆☆	☆☆☆☆☆	☆☆☆☆☆	☆☆☆☆☆
	整体感知	☆☆☆☆☆	☆☆☆☆☆	☆☆☆☆☆	☆☆☆☆☆
	作品欣赏	☆☆☆☆☆	☆☆☆☆☆	☆☆☆☆☆	☆☆☆☆☆

行

评价项目		自评	同伴评	师评	家长评
行走——北京中轴线	参与积极	☆☆☆☆☆	☆☆☆☆☆	☆☆☆☆☆	☆☆☆☆☆
	活动过程	☆☆☆☆☆	☆☆☆☆☆	☆☆☆☆☆	☆☆☆☆☆
	图文并茂	☆☆☆☆☆	☆☆☆☆☆	☆☆☆☆☆	☆☆☆☆☆
行走——大美中国	参与积极	☆☆☆☆☆	☆☆☆☆☆	☆☆☆☆☆	☆☆☆☆☆
	活动过程	☆☆☆☆☆	☆☆☆☆☆	☆☆☆☆☆	☆☆☆☆☆
	图文并茂	☆☆☆☆☆	☆☆☆☆☆	☆☆☆☆☆	☆☆☆☆☆
七夕节——梳理经线	参与积极	☆☆☆☆☆	☆☆☆☆☆	☆☆☆☆☆	☆☆☆☆☆
	活动过程	☆☆☆☆☆	☆☆☆☆☆	☆☆☆☆☆	☆☆☆☆☆
	图文并茂	☆☆☆☆☆	☆☆☆☆☆	☆☆☆☆☆	☆☆☆☆☆
中华孝道——母亲节	参与积极	☆☆☆☆☆	☆☆☆☆☆	☆☆☆☆☆	☆☆☆☆☆
	活动过程	☆☆☆☆☆	☆☆☆☆☆	☆☆☆☆☆	☆☆☆☆☆
	图文并茂	☆☆☆☆☆	☆☆☆☆☆	☆☆☆☆☆	☆☆☆☆☆
编织美好童年——儿童节	参与积极	☆☆☆☆☆	☆☆☆☆☆	☆☆☆☆☆	☆☆☆☆☆
	制作合理	☆☆☆☆☆	☆☆☆☆☆	☆☆☆☆☆	☆☆☆☆☆
	图文并茂	☆☆☆☆☆	☆☆☆☆☆	☆☆☆☆☆	☆☆☆☆☆
校园文化节——棋中经纬	参与积极	☆☆☆☆☆	☆☆☆☆☆	☆☆☆☆☆	☆☆☆☆☆
	活动过程	☆☆☆☆☆	☆☆☆☆☆	☆☆☆☆☆	☆☆☆☆☆
	图文并存	☆☆☆☆☆	☆☆☆☆☆	☆☆☆☆☆	☆☆☆☆☆

四、思考与总结

1.通过学习《经图》，你有哪些收获？你在学习生活中还发现了哪些"天下之大经"的道理？

2.关于经这一劳动环节，你还想进行哪些方面的探究？

通过对《经图》学习与实践，学生们对中华传统农耕文明所蕴含的智慧有了进一步理解，劳动能力与劳动精神有所提升，并充分感受到古籍的魅力，深刻领悟到"天下之大经"的文化精神。

用纸也能织出画

说到织图案，大家想到的肯定是用线织。而福建省永春县却有一种用纸织出来的画。永春古称"桃源"，相传1400多年前的隋唐时期，永春桃源两岸种植了许多桃树，每逢春花灿烂时，桃花姹紫嫣红，薄雾轻纱，隐隐笼罩。如此美景吸引了很多前来踏青赏花之人，雾中观花，也激发了当时艺人的创作思维和灵感，纸织画应运而生。永春纸织画曾与杭州丝织画、苏州缂丝画、四川竹帘画并称"中国四大家织"。2011年，永春纸织画入选国家级非物质文化遗产名录。

纸那么轻薄易碎，用来织画不会断吗？到底是怎么织成的呢？永春纸织画的制作技艺十分复杂，需经历绘画、裁剪、编织、填色、装裱等步骤。

纸织画的绘画与国画一般无二，但是为了在编织后仍然保持作品的色泽，颜色通常要比国画更为浓重。绘好的图画需进行分割，用小刀按一定规格细心地裁成一条纤细的纸条，其宽不到二毫米，头尾不断，保持一致，此作经线，另再取洁白的宣纸切成大小和经线一样的纸条作为纬线。接着便可以将裁好的白色纸条有规则地穿插在裁好的画中，这一步是纸织画能够产生朦胧效果的关键所在。人物和鸟兽图还需在编织后再次填色才算完成。

永春纸织画

纸织画成品近看纸痕交织，经纬分明；远观如同覆盖了一层薄纱，如同仙境，若隐若现，无与伦比的视觉效果令人惊叹。清代泉州翰林陈肇仁在《纸织白鹤幛诗》中赞道："是真非真画非画，经纬既见分纵横；我闻桃源场中客，妙技别出关徐荆；并力劳作万万缕，缕以素纸痕分明；烟云斯须出素手，笔墨化尽恒畦町。"如今，全世界有50多个国家首脑和100多个博物馆、大学等均有收藏永春纸织画，它不仅是一种工艺品，也是国与国之间的"友谊使者"。

染　色

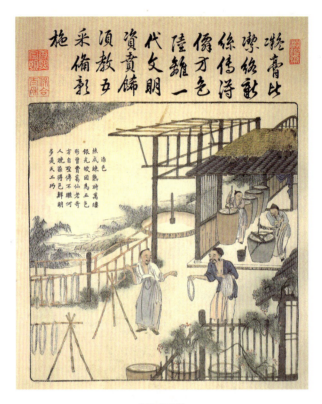

《染色图》

　　《染色图》是织目的第二十幅图，描绘了在练丝成熟后，人们对丝进行印染的画面。染色后的丝绸会变得色彩鲜艳、光泽亮丽。

　　织染，是指纺织和染色工艺。根据古籍及近代考古学资料，中国的纺织染色技术最早可追溯至西周，历经千年发展，已臻化境，并在国际上享有盛名。自汉朝丝绸之路开通后，我国的丝、绸、绫、缎、绢等丝织品源源不断地输向欧洲，因此，中国又被称为"丝之国"。

目标导引
1.了解我国古代印染工艺的起源、发展过程以及重要的代表人物，感受我国染色技术的悠久历史。
2.认识染色材料，初步学习染色的方法与技术，并且能借助学到的方法制作简单的扎染手工艺品。进一步感受染色在生活中的广泛用途。
3.通过查阅相关资料和亲身实践，学会从植物中萃取染料，并制作一款有设计感的植物染色文创产品。
4.了解非物质文化遗产——扎染，体会其背后的匠人精神，传承传统技艺与文化，并赋予传统文化以新的活力。

续表

阶段安排				
知				
学段	画	诗	字	书	刻
幼儿阶段	能初步理解《染色图》的内容，并能通过读图初步形成发现、感知美的意识。	对《染色图》中的诗歌产生兴趣。	初步感受汉字的美。	初步感受汉字"染"在不同字体中的形态。	通过欣赏印章作品感知美。
1～2年级	能初步理解《染色图》的内容，并能通过读图初步形成发现、感知、欣赏美的意识。	能正确、流利地朗读《染色图》中的诗歌；初步感受汉字"染"的字形；阅读拓展资料，初步了解二十四节气。	初步体会汉字结构的主要特点。	能按笔顺规则用硬笔写字，初步感受汉字"染"在不同字体中的形体，努力养成良好的写字习惯。	能欣赏印章作品。
3～4年级	能理解《染色图》的内容，了解染色环节，有探索的意识。	能在正确、流利地朗读《染色图》中的诗歌的基础上感受染色技术的神奇与乐趣；运用字典、词典查字，能初步独立识字。	初步建立汉字形、音、义之间的联系，初步感受汉字的文化内涵。	能使用硬笔熟练地书写汉字"染"的楷体字，能模仿除楷体外的其他字体书写，养成良好的书写习惯。	初步感知印章文化，有动手一试的愿望。
5～6年级	能理解《染色图》的内容，了解染色环节。并能从不同角度赏析绘画作品的特点，有探索的意识。	能大体把握诗意，想象《染色图》中的诗歌描述的染色场景，感受染色技术的神奇与乐趣；在阅读中能初步了解染色技术，体会其背后的匠人精神，有传承中华优秀传统文化的意识。	感受汉字的构字特点，体会汉字蕴含的智慧。	能用毛笔模仿书写汉字"染"任意一种字体，在书写中体会汉字的优美，养成良好的书写习惯。	了解有关印章的文化，提高对中国传统文化的审美意识。
行				
幼儿阶段	对染色知识感兴趣，乐于参与到扎染的实践活动中去，制作简单的扎染手工艺品。				
1～2年级	能积极了解关于染色的知识，乐于参与到扎染的实践活动中去，制作简单的扎染手工艺品。				
3～4年级	能将关于染色的知识以图文并茂的方式制作流程图，乐于参与到扎染的实践活动中去，制作简单的扎染手工艺品，传承传统技艺与文化，体会其背后的匠人精神。				
5～6年级	能将关于染色的知识以图文并茂的方式制作流程图，乐于参与到扎染的实践活动中去，制作简单的扎染手工艺品，传承传统技艺与文化，体会其背后的匠人精神。借助查阅的相关资料以及亲身实践，学会从植物中萃取染料，并用于制作一款有设计感的植物染色文创产品。				

续表

课程实施
计划分为 4 课时。 第 1 课时：导入、完成"画""诗""字"部分内容。 第 2 课时：完成"书""刻"部分内容。 第 3 课时：完成"行"部分的任务一——完成一次扎染的任务。 第 4 课时：完成"行"部分的任务二——设计一款植物染色文创作品的任务。

课程评价		
知		
画	探究绘画：掌握场景绘图的基本方法，能够理解纪实绘画的意义。	
诗	体会诗意：能大体把握诗意，想象诗歌描述的染色画面，感受印染过程的神奇与乐趣。	
字（书）	解析汉字：追本溯源了解汉字演变，理解汉字的含义，体会汉字的优美。	
刻	了解篆刻：了解有关印章的文化，提高传统文化的审美意识。	
行		
学习扎染	参与积极：积极主动参与到扎染活动中去。	
	操作熟练：掌握扎染方法和详细流程，能够熟练进行染色操作。	
	活动记录：通过图文结合等方式完成扎染过程的记录。	
设计制作植物染色文创作品	植物摘取：能够选择并获得合适的植物。	
	植物萃取：能够通过查阅资料，掌握两种及以上的萃取方法，完成植物萃取实践活动记录。	
	过程安全：操作过程注意工具使用安全。	
	作品创新：作品有新意，能够表达自己的想法。	

一、知

（一）画

简要描绘左图画面所绘内容

受当时政治、经济和思想文化的影响，清代绘画呈现出特定的时代风貌，尤其是"文人画"呈现出崇古和创新两种趋向。请你查找资料，进一步了解清代画作的特点，并从题材内容、思想情趣、笔墨技巧等方面谈谈你的看法。

题材内容	思想情趣	笔墨技巧

请仔细观察，说说下图中圈出的这几个人分别在做什么。

画圣

吴道子（约680—758年），又名道玄，唐代著名画家，画史尊称画圣，年轻时即有画名。曾任兖州瑕丘（今山东滋阳）县尉，不久即辞职，后流落洛阳，从事壁画创作。开元年间（713—741年）以善画被召入宫廷，历任供奉、内教博士、宁王友（即唐玄宗长兄宁王的陪侍官）。曾随张旭、贺知章学习书法，通过观赏公孙大娘舞剑，体会用笔之道。擅佛道、神鬼、人物、山水、鸟兽、草木、楼阁等，尤精于佛道、人物，长于壁画创作。

（二）诗

康熙赋诗

识文

> 施 采 须 资 代 陆 仙 丝 洁 凝
> 备 教 贡 文 离 方 络 膏
> 彰 五 饰 明 一 色 得 新 比

 吟诵

> 凝膏比洁络①新丝，
> 传得仙方②色陆离③。
> 一代文明资贲饰④，
> 须教五采备彰施。

注释

① 络：缠绕。

② 仙方：印染业祖师葛洪所创的"奇方"。

③ 陆离：形容色彩繁杂。

④ 贲（bēn）饰：指装饰；文饰。

译文

　　缠出的新丝洁白得好比凝结的膏脂，自古传下来的"仙方"使丝的颜色绚丽多姿。一个时代的文明程度需要借助于纹饰来体现，应该对各种色彩充分而鲜明地予以显示。

楼璹题咏

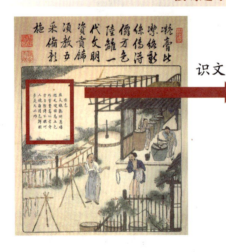

识文

> 多 人 方 形 银 丝 染
> 是 晓 自 曾 光 成 色
> 天 染 圣 费 皎 练
> 工 得 传 葛 因 熟
> 巧 色 不 仙 为 时
> 　 鲜 继 老 五 万
> 　 明 何 奇 色 缕

 吟诵

> 染色
>
> 丝成练熟时，万缕银光皎。
>
> 因为五色形，曾费葛仙老。
>
> 奇方自圣传，不继何人晓。
>
> 染得色鲜明，多是天工巧。

简析

　　蚕丝被吐出来后揉成一团，像是一轮银月。在练丝成熟后，就可以进行印染了。由于印染业祖师葛洪所创的"仙方"，染色后的丝绸色彩鲜艳，光泽亮丽。

（三）字

染（rǎn）

篆书　　隶书　　楷书

　　"染"是会意字。篆书右下是"木"，表示古代染料多从草木中提取；左边是"水"，表示染料要加水配成染料；右上是"九"，表示染色要进行多次，颜色才均匀。"隶变"后楷书写作"染"。

　　《说文·水部》："染，以缯染为色。从水，杂声。"（染，把布帛浸染着色。从水，杂声。）

　　"染"的本义是使布帛等物着色，如染坊、印染。引申为沾上，如"出淤泥而不染。"（宋·周敦颐《爱莲说》）又引申为传染、感染，如染恙、染疾。人容易受到环境气氛的影响，故又引申为熏染、影响，如耳濡目染。

诗里乾坤

　　七月鸣鵙，八月载绩。载玄载黄，我朱孔阳，为公子裳。

——《诗经》

　　终朝采绿，不盈一匊。予发曲局，薄言归沐。
　　终朝采蓝，不盈一襜。五日为期，六日不詹。

——《小雅·采绿》

　　青取之于蓝而青于蓝。

——战国·荀子《劝学篇》

　　染者先青而后黑则可，先黑而后青则不可。

——汉·刘安《淮南子》

　　钟氏染羽，以朱湛丹秫，三月而炽之，淳而渍之。三入为纁，五入为緅，七入为缁。

——《考工记》

古籍劳动课
Guji Laodong Ke

拓展知识

中国古代印染主要发展阶段简表

朝代	西周	春秋战国	秦汉	唐宋	元明清
产业发展（官营为主）	由于丝绸、麻、葛等纺织品业逐渐发达，染色发展成一种特殊的产业，在官府的手工作坊里，有了"染人"，他们掌管着染草。	染色逐步形成独立的手工业部门，官营手工业中，与练染有关的有7个工官，有不同的分工，如钟人染羽，筐人设色，慌人练丝，染人掌染草等。	汉政府设有专管练染（煮练丝麻加以染色）的机构。工官设平准令，负责练染上色；宫中设暴室，为掖庭织作染练之署。	分为官染和民染。宋朝时设有专门负责印染的官染院，规模宏大。而民染虽规模一般，但几乎遍及全国各地。	仍然分为官染和民染。宋代工部专设颜料局，掌管颜料。清代朝延专设染织局，掌管"缎纱染彩、绘之事"。
印染技术发展	掌握各种矿物燃料，获得红、黄、蓝三大原色染料，并能进行套染，以获得更多颜色。	在染色之前，丝、麻、葛等织物必须经过精练处理，以达到漂白及除去织物表层胶的目的。印染技术还包括敷彩、版印等工序。染色分为石染和草木染。	可染颜色有朱红、深红、大红等30余种。染料以天然植物为主，矿物为次。发明利用砧杵的机械作用和草木灰的化学作用相结合的捣练法。	唐朝时，丝织品印花技术包括型版印花、手工印花、凸版印花等。白矾和绿矾成为当时最常用的媒染剂。重视练染用水，每天两换，严格避免污浊水和浓度过高的矾水相犯。宋代时发明了用石灰和豆粉调制成浆进行防染（在织物上先印上防止底色染料上染或显色的色浆，然后再进行染色）的技术。	清代出现了新的染料和染色技术，如以树皮、树汁为原料的"奇树蓝"，以及采用多次染色技术制成的"细染"。

（四）书

篆文　　隶书　　楷书

用笔在心，心正则笔正，乃可为法。

——宋·柳公权《书小史》

书法用笔的关键在用心，人心若是正直的，那么书法自然端正。从古至今，汉字经历了漫长的演变，从甲骨文，到金文、篆书、隶书，再到今日的楷书，行书，草书。书法体现的不仅仅是中国人文化的韵味，更体现的是一个人的文化底蕴。我们总是会讲"字如其人"，正是这个道理。

观察一下《御制耕织图》上康熙帝的书法作品，简单说说它的特点。

 拓展知识

宋末元初的书法家赵孟頫通过批评"近世"、倡导"古意"，确立了元代绘画艺术思维的审美标准。这个标准不仅体现在绘画上，也广泛地渗透于诗文、书法、篆刻等领域中。

（五）刻

通过前面的学习，我们对篆刻中的阴刻和阳刻等知识有了一定了解，下面我们再来学习一些有关篆刻的常识。

篆刻是一种传统的艺术形式，因古代印章多采用篆书入印而得名。它是书法和镌刻（包括凿、铸）结合，来制作印章的艺术。就制作工艺而言，它是指将在平面上设计好的纹样或文字镌刻在金属、石头、牙、角等材质上。

中国印章随着时代的推移和使用者的不同有不同的名称。秦以前印章称为钵（同玺）。秦始皇统一中国后，规定皇帝用玺，一般人的印章称印。汉代皇帝、皇后、诸王等所用印章称玺，官印、私印又出现章、印章和印信等名称。唐代称宝。宋元以来官印和私印又有记、朱记、关防、押、图章、戳子等名称。篆刻起源于中国，后传播并流行于东亚地区。

印章的产生和使用，有着悠久的历史，但把印章作为一种艺术品来欣赏和创作，是宋元时代才开始的。宋元以前的印章称为实用印章时代；明清以来印章艺术流派繁衍，称为流派篆刻时代。

二、行

 任务一　学习扎染

了解扎染

扎染是汉族民间传统而独特的染色工艺，是织物在染色时，将其中一部分结扎起来使之不能着色的一种染色方法。扎染独特的艺术效果是机械印染工艺难以达到的。

扎染工艺分为扎结和染色两部分，通过纱、线、绳等工具，对织物进行扎、缝、缚、缀、夹等多种形式组合后进行染色。

扎染一般以棉白布或棉麻混纺白布为原料，主要染料来自蓼蓝、板蓝根、艾蒿等天然植物的蓝靛溶液，其中板蓝根更为常用。

准备扎染的材料和工具

染料。　　　　　　　　其他：棉线、皮筋、夹子、染锅、　　织物：白色棉布或麻布。
　　　　　　　　　　　搅拌棍、水桶、胶手套、剪刀等。

学习扎染方法

材料和工具准备好了，如何染出精美的图案呢？请按照下面的步骤尝试一下扎染吧。

染色前将物品浸水洗一　　折叠或扎绑做出造型，　　根据个人喜好倒上染料。
下然后拧干。　　　　　　然后用皮筋捆紧。

染色完装进密封袋固色，　从密封袋取出，用清水　　晾干之后作品就完成啦！
等待一天时间。　　　　　冲洗去多余染料。

制作扎染作品

请完成一件扎染作品，并拍照展示。

设计制作植物染色文创品

植物染色文创品

请欣赏以上利用扎染布料制作的工艺品。现在，我们需要设计一款植物染色（扎染）文创品，并选择合适的植物进行颜料萃取，然后进行文创品的染色制作。

植物染色知多少

请查找相关资料或者询问专业人士解决以下关于植物染色的问题，并将获得的信息整理在下面空白方框内。

（1）什么植物可以用来染色？

（2）植物染色的方法是什么？

（3）_____？（请提出你感兴趣的其他问题）

染色植物我来选

染色植物小档案			
目标颜色		所需植物	
搜集计划			
搜集的植物照片			

植物染液巧萃取

我国古代的染坊在生产染料时，用石灰水将植物原料调成石灰浆，放入碱溶液中进行发酵，后滤出渣，将滤出的水用石灰浆煮沸，再用这种石灰水溶液进行染色。（请在老师或家长的帮助下进行）

想一想，你所选的植物是否能用同样的方法？请你根据查阅到的资料，将你计划提取颜色的步骤画成流程图。

提取颜色的计划	
结果	
反思总结	

共同设计制作文创品

在进行染色产品设计之前，你可以先对目前市场上的植物染色文创品进行调研，了解其类型和设计思路，以及其中的文化内涵。在此基础上，根据自己的兴趣和审美喜好，完成植物染色文创品的设计方案及实际制作。

产品类型	
设计思路	

设计样稿	成品图

三、评价与提升

知

	评价项目	自评	同伴评	教师评	家长评
诗	体会诗意	☆☆☆☆☆	☆☆☆☆☆	☆☆☆☆☆	☆☆☆☆☆
字（书）	解析汉字	☆☆☆☆☆	☆☆☆☆☆	☆☆☆☆☆	☆☆☆☆☆
画	探究绘画	☆☆☆☆☆	☆☆☆☆☆	☆☆☆☆☆	☆☆☆☆☆
刻	了解篆刻	☆☆☆☆☆	☆☆☆☆☆	☆☆☆☆☆	☆☆☆☆☆

行

	评价项目	自评	同伴评	教师评	家长评
学习扎染	参与积极	☆☆☆☆☆	☆☆☆☆☆	☆☆☆☆☆	☆☆☆☆☆
	操作熟练	☆☆☆☆☆	☆☆☆☆☆	☆☆☆☆☆	☆☆☆☆☆
	活动记录	☆☆☆☆☆	☆☆☆☆☆	☆☆☆☆☆	☆☆☆☆☆
设计制作植物染色文创产品	植物摘取	☆☆☆☆☆	☆☆☆☆☆	☆☆☆☆☆	☆☆☆☆☆
	植物萃取	☆☆☆☆☆	☆☆☆☆☆	☆☆☆☆☆	☆☆☆☆☆
	过程安全	☆☆☆☆☆	☆☆☆☆☆	☆☆☆☆☆	☆☆☆☆☆
	作品创新	☆☆☆☆☆	☆☆☆☆☆	☆☆☆☆☆	☆☆☆☆☆

四、思考与总结

1. 通过学习《染色图》, 你有哪些收获?

2. 关于染色这一劳动环节, 你还想进行哪些方面的探究?

随着学习的结束, 我们不仅了解了有关扎染的历史与知识, 更亲自创作了极具个性与特点的扎染文创作品, 将天马行空的构思、想法通过传统技艺的形式展现出来, 为这项古老的传统文化赋予了新的生机与活力。

随着时代的发展, 染色的工艺与技术越来越成熟, 形式各样的产品也越来越丰富。而那些传承千年的传统工艺, 以及它们背后所蕴含的历史文化底蕴与精神力量, 更需要新时代的少年认真去学习和了解, 并不断传承下去。

成　衣

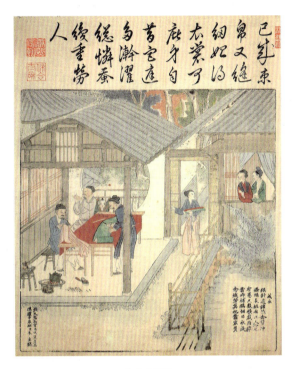

《成衣图》

　　《成衣图》是《御制耕织图》织目的第二十三幅图。整幅图表现的是人们经历了浴蚕、纺线、织布等步骤后，继续用布制衣的勤劳和谐的生活情景，配以诗句告诉世人，我们身上的一丝一缕皆来之不易，莫要辜负蚕织者的辛劳，同时劝诫世人重视农桑、简朴节约、勤于蚕事。

目标导引
1.通过"画""诗""字""书""刻"五个部分了解《成衣图》及其价值；能够通过画中内容"链接"古代农业劳动及相关学科知识。
2.能够由知入行，运用学到的劳动技能解决生活中的需求和问题。
3.了解劳动者的艰辛与不易，体会劳动人民的智慧；理解"成衣"劳动中蕴含的"一身衣裳，千年华章"的传统文化意蕴和审美传承；培养能劳动、会劳动、爱劳动的优秀品质与传统美德。

阶段安排				
知				
学段	画	诗	字	书	刻
幼儿阶段	能对《成衣图》中的人物行为和物品进行简单识别。	诵读《成衣图》中的诗歌，理解大意。	知道"衣"字的基本意思和简单的引申义。	对书法有一定的感知与认识。	通过图片了解阴刻和阳刻。

续表

阶段安排					
1～2年级	对《御制耕织图》有初步的认识和了解，通过《成衣图》认识成衣工具。	诵读《成衣图》中的诗歌，了解诗文大意。	认识"衣"字，知道"衣"字的演变，能够正确书写。	知道《成衣图》中的康熙赋诗是行书，楼璹题咏是楷书。	通过图片、资料认识阴刻和阳刻。
3～4年级	通过对《成衣图》进行整体感知和局部观察，能说出画中人物的行为和劳动工具，感受劳动氛围。	流利地诵《成衣图》中的诗歌；借助古诗《蚕妇》，感受诗中表达的对劳动人民的怜惜之情。	知道"衣"字的演变和基本字义，能够正确书写，积累"衣"字的引申义和相关四字词语。	能通过《成衣图》中两首诗的字体对比说出行书的特点，能挑选两个字进行临摹。	能结合图片、资料识别《成衣图》中刻章的阴刻和阳刻。
5～6年级	通过观察《成衣图》中人物行为细节、所穿服饰和整体画面，揣摩人物状态，体会服饰变化、感受劳动氛围。	能用贴切优美的话说出诗文大意；通过诗词了解"成衣"劳动中的人物情感。	能清楚地说出"衣"字的演变过程，知道"衣"字的本义、常见引申义和相关词语。	学习"衣"字不同字体的写法；通过欣赏、临摹，切实体会不同字体的特点。	能认识阴刻和阳刻，识别《成衣图》中的印章刻法，能制作自己的专属橡皮章。

行	
幼儿阶段	知道成衣中用到的基本劳动工具。
1～2年级	知道成衣中的基本工具及其作用；了解针法、剪裁技巧；能用工具完成简单任务并记录。
3～4年级	知道成衣中的基本工具及其作用；通过识读针法示意图操作成衣工具，进行简单衣物缝补；能用文字、图片等方式记录劳动过程。
5～6年级	知道成衣中的基本工具及其作用；通过拓展资料和简单示意图了解常用的针法技巧和古法剪裁；自主选择材料和工具，为心爱的玩偶制作一件新衣服。

课程实施
计划分为4课时。
第1课时：欣赏《成衣图》，感知整体氛围；局部观察画中工具、人物行为和服装等；适时链接劳动技能知识，引导学生借助视频资料了解常见针法、古法剪裁技巧。
第2课时：完成"诗"部分的解读和核心字"衣"部分的字形讲解、字义拓展、衣食成语。继续由"衣"导入，再读《游子吟》，体悟"衣者情"；讲解"书"部分，学生完成字体临摹。引入"刻"部分，了解阴刻和阳刻，识别画中刻法，课下结合资料学习自制橡皮章。
第3课时：用现代制衣视频做好"行"的导入；根据学生的不同学段为其选择合适的缝、补、成衣任务。
第4课时：根据各学段学生的不同进度安排，家校社联合，开展"亦游亦学"行走活动。

课程评价		
知		
画		整体感知
		局部观察
诗		诵读诗歌
		理解诗意
		体味内涵

课程评价		
字		认识字形
		理解字义
		正确书写
		成语积累
书		辨别行楷
		临摹字体
		品味欣赏
刻		了解刻法
		识别刻法
		自制刻章
行		
"衣"展身手——缝	参与积极：能积极选择工具完成任务。	
	认识工具：能熟练说出工具名称和作用。	
	成果展示：缝钉牢固、线迹美观、松紧适度。	
	过程清晰：能图文并茂地记录、呈现缝制过程。	
	安全意识：能避免受到尖锐物的伤害。	
"衣"往无前——补	参与积极：能积极选择工具完成任务。	
	成果展示：针法牢固、线迹美观、实用合身。	
	过程清晰：能图文并茂地记录、呈现缝制过程。	
	安全意识：能避免受到尖锐物的伤害。	
量体裁"衣"——成衣	参与积极：积极选择工具完成任务。	
	古法裁剪：用卡纸模进行练习。	
	成果展示：针法牢固、线迹美观、实用合身。	
	过程清晰：能图文并茂地记录、呈现缝制过程。	
	安全意识：能避免受到尖锐物的伤害。	
亦游亦学	参与积极：积极参与游学活动。	
	游学记录：寻"福"恭王府，"无为"交泰殿，通过图文搭配等方式做好活动记录。	

一、知

《成衣图》展现的是人们经历了浴蚕、纺线、织布等步骤后，继续用布制衣的勤劳和谐的生活情景。俗话说："一身衣裳，千年华章。"小小衣裳背后凝结着丰富的服饰文化和有趣的制衣知识。

（一）画

观察下图中人物，他们在成衣过程中用到了哪些工具？结合自己的生活经验说说成衣的步骤。（剪刀、针、度量工具）

观察下图中人物的行为细节和整体画面，想一想他们可能在说什么。

揣摩人物的性格特点和整体劳动氛围，例如：中间女子的扭头动作体现了当时女子的委婉含蓄；孩童津津有味地看制衣体现了……三位男子一丝不苟地忙碌体现了……

观察下图中人物所穿服饰，说说当时的服装特点，以及与现代服饰的差异。

坎肩

常见针法技巧

下面介绍三种简单易学的针法技巧：平针法、回针法、藏针法。

平针法：针一上一下平顺地缝，是最基础的针法之一。主要运用于轮廓的缝制和布料的拼接。

回针法：第一个点出针，第二个点入针，第三个点出针后，返回第二个点入针，如此循环。

藏针法：主要用于翻口的缝制和部件的组合，起针的时候，线头可以藏在部件的下面，下一针入针的位置要与上一针出针的位置垂直，然后平行出针。

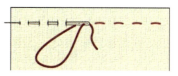

平针法

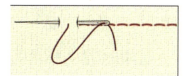

回针法

藏针法

（二）诗

康熙赋诗

 识文

人 织 总 多 昔 避 衣 纫 帛 已
重 怜 瀚 宫 身 裳 使 又 成
劳 蚕 濯 廷 自 可 得 缝 束

 吟诵

已成束帛①又缝纫，
使得衣裳可避身。
自昔宫廷多瀚②濯，
总怜蚕织重劳人。

注释

①束帛：捆成一束的五匹帛。古代用为聘问、馈赠的礼物。

②澣（huàn）：同浣。＜动＞洗涤；＜名＞指洗过多次的衣服，旧衣。

简析

　　人们经过浴蚕、纺线、织布等一系列步骤后，便拥有了蚕丝布料——帛。把五匹蚕丝布料捆为一束就是可以用来馈赠或聘问的束帛了。要想制成衣服，还得对帛进行剪裁、缝合、补缀等工作，才能用来遮体护身。一直以来，这些经过重重工序辛苦制成的衣服，在宫廷中往往还要经过多次的浣洗，每当我想到这一点，总会怜惜那些辛苦养蚕、织帛、制衣的劳动人民。

年年道我蚕辛苦，底事浑身着苎麻。

——唐·杜荀鹤《蚕妇》

遍身罗绮者，不是养蚕人。

——宋·张俞《蚕妇》

　　请诵读上面两首《蚕妇》中的诗句，体会其与《成衣图》中的康熙赋诗在感情表达上的相似之处。

楼璹题咏

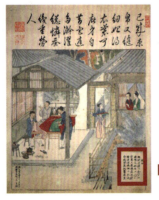

 识文

成衣
银针透锦丝金剪冲娇
绿长短在工人宽
窄凭尺数横裁雁阵
云碎补鸦翎目衣成
念织劳莫把蚕家负

↓ 吟诵

成衣

银针透锦①丝，金剪冲娇②绿。

长短在工人，宽窄凭尺数。

横裁雁阵③云，碎补鸦翎④目。

衣成念织劳，莫把蚕家负⑤。

注释

①锦：有色彩、花纹的丝织品，如"舍其锦绣，邻有短褐而欲窃之。"（《公输》）
②娇：美好可爱的、娇丽的，如"云有第五郎，娇逸未有婚。"（《孔雀东南飞》）
③雁阵：指群雁飞行时排列整齐的行列队形。在书法中，也指字下面四点排列之势。
④翎（líng）：鸟翅膀或尾巴上的长羽毛。
⑤负：辜负，对不起。"臣诚恐见欺于大王而负赵。"（《廉颇蔺相如列传》）

简析

　　细密的银针穿过绚丽华美的丝帛，翻飞的金剪冲破娇丽多姿的绿叶（花纹），衣裳的长短和宽窄都由制衣匠人凭借度量工具来把握。随着剪裁、缝合、补缀的方式不同，在衣裳的制作上就会体现出不同的效果。匠人横向裁剪丝帛时，裁断处好似云间的雁阵那般整齐平展；补缀丝帛时，添补处就像平时看到的美丽鸟羽那般精致。经过多层裁剪、补缀工序，才能制成一件衣裳，因此，诗中最后一句告诫观者，身上一丝一缕皆来之不易，不要辜负蚕织者的辛劳。

　　你们有没有发现这首诗与另一首诗有异曲同工之妙？请对比下面两个诗句，和同伴交流一下自己的感受。

衣成念织劳，莫把蚕家负。
谁知盘中餐，粒粒皆辛苦。

《游子吟》
唐·孟郊
慈母手中线，游子身上衣。
临行密密缝，意恐迟迟归。
谁言寸草心，报得三春晖。

译文： 慈母用手中的针线，为远行的儿子赶制身上的衣衫。临行前一针针密密地缝缀，怕得是儿子回来得晚衣服破损。有谁敢说子女像小草那样微弱的孝心，能够报答得了像春晖普泽的慈母恩情呢？

还有哪些诗句能体现制衣人在制衣劳动中赋予的情感呢？

美人细意熨帖平，裁缝灭尽针线迹。

——节选自唐·杜甫《白丝行》

译文： 女工精心地制作舞衣，细心地把舞衣熨平，看上去是一件不曾剪裁的舞衣，不见针线缝过的痕迹。

晴时后。裁缝细意花枝斗。

——节选自宋·陈克《渔家傲》

译文： 春日阳光大好，闲来无事，便为夫君细心织锦，百花争艳的美好图案被女子织入锦缎。

（三）字

衣（yī／yì）

甲骨文　　金文　　小篆　　隶书　　楷书

"衣"是个象形字。仔细观察甲骨文、金文的"衣"字，最上端凸起的部分像是上衣的领口，左右两侧的开口像是两个张开的袖口。底下两个衣襟相互遮盖，最下面的部分就好像衣服的下摆。

"衣"的本义是上衣，现泛指各种衣裳。引申义有：①物体外部包裹的东西、器物的外罩，例如糖衣、衣甲（铠甲）、花生衣。②穿衣，如衣锦还乡。③鸟类的羽毛，如"鱼惊尾半红，鸟下衣全碧。"（唐·陆龟蒙《奉和袭美二游诗·任诗》）④苔藓，如"暖变墙衣色，晴催木笔花。"（唐·白居易《营闲事》）

拓展知识

我国素有"烹饪之国"之称，也被誉为"衣冠王国"。在悠久灿烂的华夏民族的历史长河中，饮食与服饰并驾齐驱。二者作为我国的传统文化，具有相同的实用性、技术性和艺术性。服装是生活的需要，食物是生命的需要，古有俗语"千里做官，为了吃穿"，而对于百姓而言，终日辛勤劳作自然更是为了饱腹暖肤。

读一读下面的成语，你能猜出它们的意思吗？

| 节衣缩食 | 布衣蔬食 | 解衣推食 | 丰衣足食 | 褕衣甘食 | 锦衣玉食 |

释义

节衣缩食：泛指节俭，省吃省穿。

布衣蔬食：穿布衣，吃粗食。形容生活十分简朴。

解衣推食：脱下衣服给别人穿，让出食物给别人吃。形容慷慨地给人以关心和帮助。

丰衣足食：穿得丰富，吃得充足。形容富裕的生活。

褕衣甘食：穿漂亮的衣服，吃美味的食物。

锦衣玉食：精美的衣着和饮食。形容豪华的生活。

从"节衣缩食"到"锦衣玉食"，这六个成语所描述的"衣""食"状态有什么变化？对此你有什么体会？请写一写。

（四）书

《成衣图》中的两首诗在书法字体上有所不同。康熙赋诗是行书，楼璹题咏是楷书。请观察下面两幅图，说一说行书和楷书的特点，以及给你带来的感受。

行书

楷书

观察《成衣图》上康熙的书法作品，请你简单说说其特点，并挑选两个字进行临摹。

（五）刻

《成衣图》中的印章分为阴刻和阳刻。阴刻和阳刻是我国传统刻字的两种基本刻制方法，阴刻是将图案或文字刻成凹形；阳刻是将笔画显示平面物体之下的立体线条刻出。

说一说，以下这三枚印章分别是哪一种刻法？它们分别刻的是什么字？

你了解这三枚印章的相关背景知识吗？请课后查阅有关资料。

二、行——"衣"探究竟

虽然《成衣图》中只描绘了一幕劳动场景，但我们却能借助其诗句和图画细节品味出制衣人的勤劳与艰辛，感受到他人对制衣人劳动的肯定与珍惜。此外，制衣人的劳动还体现出我国古代对服饰美的追逐与变迁。

想一想，你在生活中是否遇到过下面这些情况？

◇ 衣服的扣子掉了需要重新缝上。

◇ 衣服划了一个口子，要进行修补或重新装饰。

◇ 想为心爱的玩偶制作一套衣服。

我们能不能运用一些简单的成衣工具来解决这些的问题呢？

  任务一 "衣"展身手——缝

认识工具

下面是我们在生活中缝制衣服时常用的工具和材料，你能说出它们的名字吗？你知道它们在缝制衣物时分别是做什么用的吗？

解决问题——缝纽扣

钉纽扣小歌谣

花花衣，花花袖，掉下一颗小豆豆。

金豆豆，银豆豆，那是一颗小纽扣。

拾起来，捏在手，针线顺着扣眼走。

自己钉，自己缝，奶奶叫我巧巧手。

材料工具

布料、不同种类的扣子、针线、剪刀。

制作步骤

步骤一：穿线引线。先用剪刀斜着剪去线的毛边，再将线对准针眼穿过，并将两端线头对齐。

步骤二：打起针结。针头朝上与线垂直，将针压在线头上，然后用线在针上缠绕 3～4 圈，握紧线圈将针从针尖方向拉出直到打出结，再剪去多余的线头。

步骤三：在布上定位，根据扣眼来回缝制拉出。

步骤四：缝完纽扣，在布料背面打上针结。

使用剪刀和针等尖锐物品时要注意安全！

想一想，钉四眼扣的时候，在线的走势上可以有哪些方式？

十字形 平行形 四方形

记录过程

用文字或绘画的方式记录自己钉纽扣的过程，以及遇到的困难、解决的办法等。

成果展示

展示钉纽扣的成果（可以粘贴图片或成品），还可以写写感受和收获。

请想一想，平时在家里，衣服上的纽扣如果掉了，都是由谁来缝呢？以后你能帮家人缝纽扣吗？

任务二 "衣"往无前——补

用补丁缝补衣服上的破口。

用补丁装饰衣物。

材料工具

针、线、剪刀、喜爱的补丁、闲置的布料、需要补洞或重新装饰的衣物。

选择针法

根据前面的学习活动，结合自己的喜好，在三种针法中选择一种实践吧。可以先在布上对针法进行练习哦。

操作步骤

拿出准备补或装饰的衣物。

确定好需要补的位置，用铅笔标记。

用一股线将补丁固定住。

穿好两股线。

用两股线把补丁的边缘与衣服缝起来。

将线打结。

剪掉固定线。

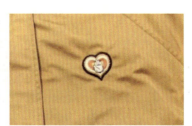
看看成品吧。

记录过程

请用自己喜欢的方式（视频、图片、文字等）记录缝补的过程。

成果展示

任务三　量体裁"衣"——成衣

通过前面的学习，我们对古法裁衣有了一定的认识。下面，请利用古法剪裁技术为自己心爱的玩偶做一件衣服吧。

材料工具

针、线、剪刀、布料、不同颜色的卡纸、铅笔、橡皮、尺子、心爱的玩偶。

纸模练习

将卡纸斜角对折，按图示方向把其中一个角折好。

按图示旋转纸模画出虚线并裁剪。

用笔按图示方式画出领口
和衣型。

用剪刀沿线剪开。

剪好后就是这样。

展开，再按照图示折好。

经过一些装饰，成品就做好了。
大家可以用准备好的卡纸进行
这样的练习，当你觉得自己已
经足够熟练了，就可以在布料
上开始操作了。

记录过程

请用自己喜欢的方式（视频、图片、文字等）记录缝补的过程。

成果展示

活动拓展：了解我国传统服饰的演变

我国自古以来就有衣冠礼仪之邦的美誉。服饰文化传承的背后离不开无数个像《成衣图》中这样辛勤制衣的工人师傅。请课后通过上网查找有关信息，或阅读相关书籍了解我国传统服饰的演变。

任务四　亦游亦学

从《成衣图》中还可以挖掘出很多知识。康熙帝一生酷爱书法，但很少题字，以至于有"康熙一字值千金"的说法。在今天的北京城内，除公文外，经考证的康熙题字有两处，分别是恭王府石碑上的"福"字和故宫交泰殿的"无为"二字。大家可以通过下面的活动亲自去现场感受书法的魅力。

活动一：寻"福"恭王府

恭王府里的"福"字蕴含着无穷奥秘和无限祝福。其字形刚劲有力，窄而狭长，民间称之为"长瘦（寿）福"。此福字的右半部正好与王羲之《兰亭序》中"寿"字的写法一致，右上角的笔画像个"多"字，下边为"田"，"田"部尚未封口，后人解读为"洪福无边""无边之福"，成为现存历代墨宝中唯一把福、寿写在一起的福字，也被民间称为"福中有寿，福寿双全"。

大家可以去到恭王府实地体验，并用多媒体记录下"寻福"过程。

活动二："无为"交泰殿

> 同学们，我们在故宫交泰殿找到了
> "无为"，你知道"无为"最初出自哪里吗？
> 你理解这两个字的意思吗？

　　"无为"一词出自老子的《道德经》，是中国先秦时期道家思想术语。"无为"的态度用于政治的政策方针，政府无为，百姓自治。无为、不争，是老子对君王的告诫，指君主不与民争。

　　请思考："无为"是要君主消极避世、什么都不做吗？还是要君主摒弃妄自作为，通晓自然和社会的规律，追求清净寡欲的境界？

主题	亦游亦学	
活动名称	寻"福"恭王府	"无为"交泰殿
活动时间		
参与人员		
活动准备		
活动记录（可以绘画、拍照、摄像、文字记录等）		
活动感想（可以是寻找题字时的心情、现场感受书法魅力的体会或对"福"和"无为"意蕴的新体味等）		

课外活动

大家可以在课后查找有关视频、图片、文字资料，或者去汉服店（汉服体验馆）试穿或购买自己喜欢的传统服装及配饰，进一步感受我国传统服饰的魅力。不要忘记用自己喜欢的方式把这个过程记录下来与他人分享哦。

三、评价与提升

知

	评价项目	自评	同伴评	师评	家长评
诗	诵读诗歌	☆☆☆☆☆	☆☆☆☆☆	☆☆☆☆☆	☆☆☆☆☆
	理解诗意	☆☆☆☆☆	☆☆☆☆☆	☆☆☆☆☆	☆☆☆☆☆
	体味内涵	☆☆☆☆☆	☆☆☆☆☆	☆☆☆☆☆	☆☆☆☆☆
字	认识字形	☆☆☆☆☆	☆☆☆☆☆	☆☆☆☆☆	☆☆☆☆☆
	理解字义	☆☆☆☆☆	☆☆☆☆☆	☆☆☆☆☆	☆☆☆☆☆
	正确书写	☆☆☆☆☆	☆☆☆☆☆	☆☆☆☆☆	☆☆☆☆☆
	成语积累	☆☆☆☆☆	☆☆☆☆☆	☆☆☆☆☆	☆☆☆☆☆
书	辨别行楷	☆☆☆☆☆	☆☆☆☆☆	☆☆☆☆☆	☆☆☆☆☆
	临摹字体	☆☆☆☆☆	☆☆☆☆☆	☆☆☆☆☆	☆☆☆☆☆
	品味欣赏	☆☆☆☆☆	☆☆☆☆☆	☆☆☆☆☆	☆☆☆☆☆
画	整体感知	☆☆☆☆☆	☆☆☆☆☆	☆☆☆☆☆	☆☆☆☆☆
	局部观察	☆☆☆☆☆	☆☆☆☆☆	☆☆☆☆☆	☆☆☆☆☆
刻	了解刻法	☆☆☆☆☆	☆☆☆☆☆	☆☆☆☆☆	☆☆☆☆☆
	识别刻法	☆☆☆☆☆	☆☆☆☆☆	☆☆☆☆☆	☆☆☆☆☆
	自制刻章	☆☆☆☆☆	☆☆☆☆☆	☆☆☆☆☆	☆☆☆☆☆

行

	评价项目	自评	同伴评	师评	家长评
"衣"展身手——缝	参与积极	☆☆☆☆☆	☆☆☆☆☆	☆☆☆☆☆	☆☆☆☆☆
	认识工具	☆☆☆☆☆	☆☆☆☆☆	☆☆☆☆☆	☆☆☆☆☆
	成果展示	☆☆☆☆☆	☆☆☆☆☆	☆☆☆☆☆	☆☆☆☆☆
	过程清晰	☆☆☆☆☆	☆☆☆☆☆	☆☆☆☆☆	☆☆☆☆☆
	安全意识	☆☆☆☆☆	☆☆☆☆☆	☆☆☆☆☆	☆☆☆☆☆
"衣"往无前——补	参与积极	☆☆☆☆☆	☆☆☆☆☆	☆☆☆☆☆	☆☆☆☆☆
	成果展示	☆☆☆☆☆	☆☆☆☆☆	☆☆☆☆☆	☆☆☆☆☆
	过程清晰	☆☆☆☆☆	☆☆☆☆☆	☆☆☆☆☆	☆☆☆☆☆
	安全意识	☆☆☆☆☆	☆☆☆☆☆	☆☆☆☆☆	☆☆☆☆☆

续表

	评价项目	自评	同伴评	师评	家长评
量体裁"衣"——成衣	参与积极	☆☆☆☆☆	☆☆☆☆☆	☆☆☆☆☆	☆☆☆☆☆
	古法裁剪	☆☆☆☆☆	☆☆☆☆☆	☆☆☆☆☆	☆☆☆☆☆
	成果展示	☆☆☆☆☆	☆☆☆☆☆	☆☆☆☆☆	☆☆☆☆☆
	过程清晰	☆☆☆☆☆	☆☆☆☆☆	☆☆☆☆☆	☆☆☆☆☆
	安全意识	☆☆☆☆☆	☆☆☆☆☆	☆☆☆☆☆	☆☆☆☆☆
亦游亦学	参与积极	☆☆☆☆☆	☆☆☆☆☆	☆☆☆☆☆	☆☆☆☆☆
	游学记录	☆☆☆☆☆	☆☆☆☆☆	☆☆☆☆☆	☆☆☆☆☆

四、思考与总结

1. 通过本课的学习，你对"成衣"这一劳动环节有了哪些了解？
2. 关于"成衣"，你还有哪些想要探究的内容？

通过学习《成衣图》，除了了解成衣过程中的常用工具、针法及古法剪裁等知识外，还可令学生体悟"成衣"劳动中蕴含的"一身衣裳，千年华章"的传统文化意蕴和审美传承。同时，劳动和生活是最好的教科书，学习的最终目的也是为了更好地生活！希望学生们能在生活中不断发现劳动的乐趣，形成爱劳动、会劳动的优良品质。

 拓展阅读

"天下第一福"

康熙皇帝八岁登基，母亲佟佳氏没多久也去世了，他自幼就是奶奶孝庄太后抚养长大的，所以祖孙俩的感情非常好。可是孝庄年纪大了以后，这身体是一日不如一日，时常生病。为了给孝庄太后祈福，康熙皇帝便想到了写个福字来祈福。字写好了以后，孝庄太后非常高兴，因为这个福字与众不同。别的福字右边是"畐"，可康熙的这个福字右边是个类似"寿"的字，而且这个"寿"很特别，上半部分显示出来，是个多字，也就是多福多寿的意思。一个字里有这么美好的意愿，又藏着这么多字，况且还是康熙皇帝亲自所写，自然可以称之为"天下第一福"了。

针

人类早在远古时期就已经开始使用针了。1930年北京周口店就发现了山顶洞人使用的骨针，而在此次之前，人类已经普遍使用砭石、石针等工具缝制衣物了。

针的用途很广泛，早在四千年前，古人就已经开始在服饰上

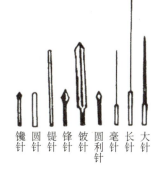

镵针 圆针 锃针 锋针 铍针 圆利针 毫针 长针 大针

古代中医用针

进行刺绣工艺了，主要工具正是"针"。

与刺绣专用的绣花针不同的是，中国古代还将针用在治疗人体疾病上面，针灸就是中医医学分支之一，作为针灸必用的针，制作工艺就比普通的针繁琐得多。

古代中医所用针多达九种，如右图所示。现今我们日常所见的银针则是九种针中的毫针，而且古代医者并不常用。

剪子的发展

中国最早的剪子出土于汉朝。但是种种文献都证明，剪子在夏朝应该就有了，只是形态上未必和如今一样。

朝代	形态	图片
战国	只有一面刀刃，且刀刃面为微微的弧形。更容易切割成卷的布匹，不容易裁一片的布料。	
汉代至魏晋南北朝	像两把削刀刀面相对。两刀柄交股相连拧成"Y"字形和"8"字形。在布匹的上下方同时对切会更省力。	
魏晋南北朝至隋唐	普遍出现"8"字形交股剪刀。除了用于裁布以外，也同时大量用于剪纸，所以剪刀在此时使用更为普遍。（图为唐朝时的银剪刀）	
宋代至今	为了裁剪更省力，开始出现双股剪刀并一直沿用至今，成为剪刀形制的主流。张小泉剪刀，还有北京老字号王麻子剪刀，其标准形制就是典型的双股剪刀。	

后 记

　　本书的创作要感恩很多人，特别感谢中国农业科学院国家农业图书馆黄卫副主任，令我们知晓并了解了《御制耕织图》这样一本独具特色的中国农业古籍。感谢北京教育科学研究院的李群老师，在他的帮助下，我们构建起了中国农业科学院附属小学古籍劳动课（配套教材《古籍劳动课》）的基本框架。最后，要感谢中国农业科学院的各位专家，在课程创设和本书编写的过程中，他们为我们提供了很多农业知识方面的帮助与指导。

　　我们希望通过本书，为本校古籍劳动课的开展打下坚实的基础，从而推动其不断完善和持续发展。在此基础上，我们也期待它能够帮助更多的少年儿童了解我国源远流长的耕织文化，感受古代劳动人民的智慧，体会农业劳动的辛苦和收获的喜悦；培养少年儿童能劳动、会劳动、爱劳动的优秀品质与传统美德。

本书编委会

2023 年 9 月